国际视野下的

学生社会实践及其
一体化研究

● 夏晓娟 编著

上海教育出版社
SHANGHAI EDUCATIONAL
PUBLISHING HOUSE

图书在版编目（CIP）数据

国际视野下的学生社会实践及其一体化研究 / 夏晓娟编著. — 上海：上海教育出版社，2024.6. — ISBN 978-7-5720-2603-4

Ⅰ．G632.429

中国国家版本馆CIP数据核字第20244DK309号

责任编辑　蒋文妍
封面设计　金一哲

国际视野下的学生社会实践及其一体化研究
夏晓娟　编著

出版发行	上海教育出版社有限公司
官　　网	www.seph.com.cn
地　　址	上海市闵行区号景路159弄C座
邮　　编	201101
印　　刷	昆山市亭林印刷有限责任公司
开　　本	700×1000　1/16　印张 13
字　　数	187 千字
版　　次	2024年7月第1版
印　　次	2024年7月第1次印刷
书　　号	ISBN 978-7-5720-2603-4/G·2294
定　　价	69.80 元

如发现质量问题，读者可向本社调换　电话：021-64373213

前言
FOREWORD

上海市复旦中学是一所历史名校,由我国著名教育家马相伯先生于1905年创办,与复旦大学同根同源,秉承"文化立校,自强育人"的办学理念与教育追求,博学笃志,切问近思。伴随着本轮上海市高考综合改革,自2015年起,学校以社会实践为切入点开展了深入的实践与研究,社会实践的意义亦与"团结、服务、牺牲"的复旦精神不谋而合。在国际视野下,社会实践聚焦学生的全面发展,有了更深层次的内涵与更广阔的外延,与近年来逐渐兴起的德育热点社会情感能力研究也紧密联系。

党的二十大报告指出:"教育是国之大计、党之大计。培养什么人、怎样培养人、为谁培养人是教育的根本问题。育人的根本在于立德。全面贯彻党的教育方针,落实立德树人根本任务,培养德智体美劳全面发展的社会主义建设者和接班人。"2023年5月,习近平总书记在中共中央政治局第五次集体学习时再次强调:"我们要建设的教育强国,是中国特色社会主义教育强国,必须以坚持党对教育事业的全面领导为根本保证,以立德树人为根本任务,以为党育人、为国育才为根本目标,以服务中华民族伟大复兴为重要使命,以教育理念、体系、制度、内容、方法、治理现代化为基本路径,以支撑引领中国式现代化为核心功能,最终是办好人民满意的教育";"培养什么人、怎样培养人、为谁培养人是教育的根本问题,也是建设教育强国的核心课题"。因此,只有把握立德树人的本质内涵,才能真正回答这一问题。

上海市复旦中学坚持把立德树人作为办学的初心和使命,基于大中小幼德育一体化的背景,依托复旦品牌特色和资源优势,着眼于新时代育人方式变革,以社会实践为重要抓手,积极探索实践育人的新途径和新机制。学校不断深化对社会实践的研究,逐步突破学段壁垒,从高中延展至初中、小学以及大学,促进社会实践的纵向衔接;构建"家—校—社"一体的协同育人格局,促进社会实践的横向贯通;充分挖掘校内校外资源,开发并完善一体化社会实践资源体系与运行机制,引领学生在社会实践中树德、增智、强体、育美、爱劳,更好地提升学生综合素养,促进全面而有个性的发展,实现由"育分"向"育人"的转变。

建设教育强国的目的,就是培养一代又一代德智体美劳全面发展的社会主义建设者和接班人,培养一代又一代在社会主义现代化建设中可堪大用、能担重任的栋梁之材,确保党的事业和社会主义现代化强国建设后继有人。上海市复旦中学坚持为党育人、为国育才的初心使命,通过促进大中小幼社会实践活动的深度融合,深入探索现代化人才的一体化培育机制,合力培养德智体美劳全面发展的高素质人才,有助于推进教育高质量发展,建设质量一流的长宁活力教育,也努力为教育强国贡献新思路与新举措,以"时代之为"做好这一代复旦人的"时代答卷"。

经过八年多的不懈探索和团队合作,学校开展了广泛的调研,对于社会实践一体化建设积累了深厚的理论基础与实践经验,形成了较为完备的社会实践一体化课程方案和科学长效的运行机制,打造了特色品牌项目,汇聚了丰富的育人案例,为区域发展起到了示范引领作用。因此,特将研究成果编著成书,以期抛砖引玉,贡献智慧和力量。

夏晓娟

目录
CONTENTS

第一章　社会实践及其一体化概述

一、社会实践的内涵

（一）社会实践的概念

当今世界正经历百年未有之大变局,世界多极化、经济全球化都处于变化之中,未来充满着波动性、不确定性和复杂性。教师和决策者面临着如何教育学生从事尚未出现的工作、使用尚未发明的技术或解决无法预设的社会问题等诸多挑战。为了积极应对这些挑战,世界各国都在思考教育到底应该培养什么人、怎样培养人,即未来最重要的知识、技能、态度和价值观是什么,如何创造实现个人全部潜力的教育机会和终身学习环境。教育的格局变得多样化,学习变得无处不在。人们不仅在传统的课堂中获取知识、习得能力,还更多地在日常生活中、非正式环境中,与不同的人交往,处理综合的、复杂的问题,从而获得全面的发展。

从将学生培养为健全的社会人的视角看,教育的目的之一是激发学生参与各类社会关系的潜能,即不仅要将学生培养为独立自主的思考者,还要将其培养为社会关系长远发展的促进者。

马克思主义哲学认为,社会实践是人类认识世界、改造世界的各种活动的总和。人的实践活动必然处于一定的社会关系中,并且人通过实践活动在社会关系中存在和发展。人的本质是一切社会关系的总和,一个人能够发展到什么程度由其社会关系决定。美国心理学家班杜拉提出社会学习理论。美国教育家杜威提出学校即社会,生活即教育。我国著名教育家陶行知先生

1

特别强调"做中学"的教育理念。

实践教育是全球范围蓬勃兴起的教育思潮之一,它至少有三层含义:从狭义上说,实践教育是指一种教育措施、方法,往往与实践活动联系在一起;从中义上说,实践教育是指一种课程体系或教育体系;从广义上说,实践教育是指一种"实践育人"的教育理念。实践教育的这三层含义层层递进、紧密相连。实践教育的特征包括以学生为主体,以实践为导向,以实践活动为载体,以培养学生的实践能力与综合素质为目标。

人类在接触自然的过程中,不断了解和改造生活中所从事的各种活动,这就是社会实践。社会实践的外延可泛指人的整个生活,可延展到所有人的社会生活或者人的活动。我国改革开放以来的学生社会实践,经历了从自发到协同、由单一到多元、由临时向长效转变的过程。

社会实践引导学生关注学习、生活、实践之间的密切联系;引导学生为了未来的实践和生活而学习,为了将会面临的实践和生活中的挑战、机遇而学习,而不是单纯为了通过考试或取得高分而学习。可见,学生的社会实践,是学生按照学校的培养目标,有计划并有组织地参与社会生活,参与在真实的社会情境中的教育活动,是学校教育的组成部分和重要延伸,在学生与社会之间架起了一座桥梁。可以这样说,社会实践的目标就是培养能够较好适应社会的学生。

(二)社会实践的特点

实践和社会背景都塑造着学习的过程。学习的过程本质上是一种社会集体现象,包括身份认同的理解,不仅反映了学习者如何看待世界,也反映了世界如何看待学习者。学习是社会性的、情感性的和学术性的,这些要素密不可分,通常在大脑的相同部分进行处理,相互依存,共同发展。学生学习的内容是多维度的,学习发生在生活的各处场景中,无法脱离真实世界,在课堂之外的社会实践是必要的学习途径。而教育作为培养人的实践活动,其实践性主要体现为在历史文化传承基础上培养人改变现实的主体能力,让教育对象通过实践的方式掌握理论知识,同时又在理论知识指导下通过实践实现改造现实世界的目的。社会实践的教育性指向学生的全面发展,不仅能够提升学生的学业成绩,还能够提升学生的幸福感。

社会实践是对课堂教学的补充和延伸,这意味着学生在社会实践中的学习特点之一是要立足于现实世界,是社会性的。学生在真实情境下开展具体的活动,通过教师的引导以及同伴的合作,结合已有的课内知识,积极主动地进行探索并拓展学习的视野,建构自己的知识体系。这种真实情境的引入实际上是原本意义上学习的回归,新修订的《义务教育课程方案(2022年版)》强调"加强知识学习与学生经验、现实生活、社会实践之间的联系,注重真实情境的创设,增强学生认识真实世界、解决真实问题的能力"。此外,社会实践能够让学生体验社会生活,让学生在各个场所对不同职业的工作进行尝试,是学生了解职业生涯、唤醒公民意识、明确社会价值的有效途径。

社会实践聚焦学生的全面发展,发展学生的社会情感能力,另一个特点是综合性。社会实践综合多种课程,不囿于某一门学科,而是将学科的内在逻辑融为一体,是跨学科的;社会实践综合多方参与,包括学校、家庭、社区等,是多主体的;社会实践综合多类资源,从校内到校外,从单一学段到学段贯通,是一体的。社会实践通常以主题项目的形式开展,内容丰富多样,要求学生具备处理复杂问题的能力以及协作精神,核心是开展学生社会情感能力的教育。区别于学科实践,社会实践更多地关注现实问题的发现、分析与解决,它强调"从学生的真实生活和发展需要出发,从生活情境中发现问题并转化为活动主题,通过探究、服务、体验等方式,培养学生综合素质"。

二、社会实践一体化的内涵

(一)社会实践一体化的概念

社会实践一体化是德育一体化发展的重要体现,德育一体化发展是新时代道德教育的必然趋势。一体化是指要处理好整体与部分的关系,即要在保持各个部分相对独立的前提下,加强各部分之间的有机联系,构建德育共同体。德育在大中小学最为集中,根据教育规律和人的身心发展规律,必须实施循序渐进、螺旋上升的大中小学德育一体化理念,切实促进各阶段衔接,提高育人整体质量。因此,社会实践一体化指将社会实践进行有机整合,形成连贯、系统、综合的教育体系。这一概念的核心在于让不同学段的社会实践活动相互衔接、相互配合,此外需要整合学校、家庭、社会等多方资源协同育人。

（二）社会实践一体化的特点

1. 打破学段壁垒,促进社会实践的纵向衔接

社会实践一体化立足于培养学生综合素质的全程性和长期性。要让学生具备为未知的将来和挑战做好知识、情感、价值观等的准备,就意味着社会实践必须突破学生学段和年龄的限制,实现社会实践一体化的跨学段纵向衔接。社会实践一体化促进不同学段师生的沟通和交流,充分调动学生的学习积极性和自主性。不同学段的学生在社会实践中进行研究和探讨,从人际交往中、思维碰撞中获得启发甚至新想法,激发潜力,共同成长。

大中小幼一体化社会实践重在上下学段衔接,强化衔接意识,构建上下衔接的实践机制。优化各学段各年级社会实践目标和内容的衔接,学校统筹规划本学段内各年级社会实践的目标重点、核心内容,以及社会实践方法与途径,明确各年级的区别,体现不同年级的针对性和实效性。同时,充分了解其他学段社会实践的重点和特色,做好本学段社会实践目标、内容、方法、途径与相邻学段的衔接;逐步建立跨学段衔接交流研讨和反馈机制,侧重对学生发展个体案例和实践活动案例的研讨和交流,为不断优化大中小幼社会实践实效性提供案例和理论支持。在大学与中小幼的衔接工作中,加强对大学生社会实践的规律总结,定期向中小学、幼儿园反馈大学生的经验和情况,指导中小学和幼儿园不断优化社会实践。

2. 加强协同育人,促进社会实践的横向贯通

学生社会实践要注重实践场景的真实性,这意味着社会实践并非在课堂活动中进行,而是发生在真实社会中,需要多主体共同参与。社会变化复杂未知,知识更新迭代极快,学习生涯可变可期,我们要理解教与学在不同社会、经济、文化背景下,不同场合中的多样性,要将教与学融入真实的社会情境中。学生需要意识到知识在各种不同的情境中的可迁移性,无论是在学校生活的情境、家庭生活的情境,还是未来职业生活的情境。学校和教师必须与家庭、企事业单位、社会组织、社区等开展合作,达到社会实践的校内外协

同与一体化联动。

确立全员、全过程、全方位育人格局,积极配合支持大中小幼,协同家庭和社会,实现横向贯通。学校积极争取家庭和社会共同参与、支持,营造团结协作的良好社会氛围。加强家庭教育指导,统筹家长委员会、家长学校、家长会、家访、家长开放日、家长接待日等各种家校沟通渠道,认真听取家长对这项工作的意见和建议,争取家长的积极参与,并达成共识。社会是学生学习生活的大课堂,营造良好的育人环境是全社会共同的责任。构建一体化社会实践体系需要社会各界与教育部门共同努力,形成协同一体的社会大课堂。

3. 注重融通整合,促进社会实践的资源共享

开发一体化社会实践资源是提升社会实践实效性、发展性、可持续性的需要,是实现社会实践贴近生活、贴近实际的需要。建立和完善一体化社会实践资源体系要充分发挥地域资源优势,统筹建设校内外一体化资源体系。通过政府统筹,开发红色资源、体育资源、艺术资源、文化资源、科技资源、国防资源等的育人功能,建立社会大课堂资源基地,服务社会实践的开展;探索建立重点示范性实践基地,并作为大中小幼一体化社会实践的示范基地。教育行政部门指导学校结合学校课程安排,有序组织学生参加社会大课堂实践活动。各学段做好统筹,如避免同一学段连续多次到同一社会实践基地活动。在"软件"方面,发挥英雄模范人物、名师大家、学术带头人、行业先锋、校外基地辅导员以及家长等的引领作用和专业优势,建立社会实践辅导员和导师、专家队伍,统筹建立校内外融合的社会实践专家资源体系。

社会实践一体化除了学段纵向衔接、家校社横向贯通、资源整合共享外,还包括社会实践的目标、内容、方法、途径、队伍、评价等要素的一体化,唯有这样,社会实践一体化体系才能真正构建起来。

三、社会实践及其一体化的依据

(一)立德树人是社会实践及其一体化的首要任务

党的十八大首次提出"把立德树人作为教育的根本任务"。2013 年 11

月,中国共产党第十八届中央委员会第三次全体会议通过《中共中央关于全面深化改革若干重大问题的决定》,对全面深化改革的重要领域和关键问题作出了重要部署,提出了要"深化教育领域综合改革",明确了教育改革的攻坚方向和重点举措。我国教育自此从数量发展转入质量提高的新阶段,即在已经解决了"有学上"的基础上还要解决"上好学"的问题。教育综合改革的核心是立德树人,有三个重点:一是促进教育公平和提升教育质量;二是考试招生制度改革;三是教育管理体制改革。

2018 年全国教育大会上习近平总书记强调,要培养德智体美劳全面发展的社会主义建设者和接班人,要努力构建德智体美劳全面培养的教育体系,把立德树人融入思想道德教育、文化知识教育、社会实践教育各环节。新时代的教育是以立德树人为根本任务的素质教育,要促进学生德智体美劳全面发展,其中劳动教育是中国特色社会主义教育制度的重要内容,也是新时代党对教育提出的新要求。习近平总书记强调,要在学生中弘扬劳动精神,引导学生崇尚劳动、尊重劳动,懂得劳动最光荣、劳动最崇高、劳动最伟大、劳动最美丽的道理;要将劳动教育积极融入日常,引导学生积极参加校内劳动、校外劳动和家务劳动,弘扬劳动精神,养成劳动习惯。社会实践是促进学生德智体美劳全面发展的重要抓手和途径,能帮助学生坚定理想信念,厚植爱国主义情怀,加强品德修养,增长知识见识,培养奋斗精神,增强综合素质。劳动教育也是社会实践中的重要一环,其目的是要让学生在社会实践中既能感受大汗淋漓的体力劳动,又能实现劳动创新、实践创新,对劳动教育和社会实践有更全面的价值认识,提升实践育人的效度。基于社会实践的实践性特征,劳动本身就是实践,这种实践不仅包括体力劳动,还包括社会服务、职业体验、设计制作等多种形式,是一种综合实践。

(二)德育一体化是社会实践及其一体化的重要基础

《国家中长期教育改革和发展规划纲要(2010—2020 年)》指出,要构建大中小学有效衔接的德育体系。2019 年上海市教育大会指出,德育要朝着大中小幼一体化努力,循序渐进,潜移默化,提升针对性、实效性、亲和力、感染力,让价值观的"盐"融入知识传授的"汤"里。上海市正在推进大中小幼德育内容和工作体系一体化,力求在目标、内容、师资、资源和管理体制上实现一体化。深化"三圈三全十育人",其中"三圈三全"指内圈聚焦第一课堂育人主渠道,落实全员育人;中圈聚焦素质教育第二课堂、网络思政第三课堂,落实全过程育人;外圈聚焦"开门办思政",落实全方位育人,构建校内校外合力育人格局。2019年3月,习近平总书记在学校思想政治理论课教师座谈会上作了重要讲话,指出要在大中小学循序渐进、螺旋上升地开设思想政治课程,将统筹推进大中小学思政课一体化建设作为一项重要的工作,坚持问题导向和目标导向相结合,坚持守正和创新相统一,推动思政课建设内涵式发展。对于大中小学课程德育一体化建设,在做好顶层内容设计的同时,还必须将顶层内容落实到各学段的教育教学实践中,特别是努力探索教学内容、教学方式、教学载体、教师队伍等的创新,从而增强德育的针对性和有效性。

一体化是一种工作理念,是扁平化管理对当前科层制管理的有效补充。一体化涉及教育教学的方方面面,涉及跨学段、跨区域、跨领域、跨形态的合作,从顶层规划贯通到基本单元,在体制机制保障的背景下更需要项目化的运作,激发深层次活力。这意味着一体化不是孤立的、割裂的,而是要做到有机地渗透进教育的各个环节,各参与主体基于共同的愿景和教育目标相互协调和沟通,具体的课程内容、教育方法、评价方案等可以根据不同学段和领域的特点在衔接恰当的前提下进行适当调整。

在上海,大中小幼德育一体化正在稳步推进中,各学段的德育工作者理应进一步思考德育的整体规划,积极采用整体和动态的视角来协调德育中的各种要素,力求实现各学段德育的纵向衔接、横向贯通、分层递进。在德育一体化的背景下,针对不同学段存在的不同问题与需求,同时基于一脉相承的培养目标与培养任务,层层深化对学生综合素质的培养,加强社会实践这项重要育人活动的整体思考与设计,避免各学段在社会实践活动中的简单重复、资源浪费,甚至"断链"等。

（三）教育综合改革是社会实践及其一体化的有利契机

《中小学综合实践活动课程指导纲要》(教材〔2017〕4号)指出,综合实践课程是从学生的真实生活和发展需要出发,从生活情境中发现问题,并将问题转化为活动主题,通过探究、服务、制作、体验等方式,培养学生综合素质的跨学科实践性课程。综合实践课程是思政课的重要组成部分之一,包括综合实践、志愿服务、公益劳动、探究学习、职业体验等注重课外实践的思政课程内容。2022年秋季学期开始执行的《义务教育课程方案和课程标准(2022年版)》相较于此前的课程标准,不仅优化课程内容结构,设立跨学科主题学习活动,加强学科间的相互关联,带动课程综合化实施,还加强学段衔接,指出要依据学生从小学到初中在认知、情感、社会性等方面的发展特点,合理安排内容,体现学习目标的连续性和进阶性,要了解高中阶段学生特点和学科特点,为学生进一步学习做好准备。《义务教育课程方案(2022年版)》强调课程的综合化和实践性,对学生的跨学科发展和学习提出了新要求,实际上也是对学生社会实践提出的新要求。这不仅深化了对学生综合素质的理解,更重要的是学生能够形成跨学科的必备品格和关键能力,同时还注重学生个性化的成长。学生的素养和学科并不是简单地一一对应,而是多重交叉的。某一学科并非单独指向某一素养,而素养也并非只能单独通过某一学科来进行培养。《义务教育课程方案(2022年版)》的课程设置不仅包括劳动教育和社会实践活动所需要的横向跨学科学习,还强调学生素养的养成是长期的,要注重小初高的纵向有机衔接,这为社会实践一体化构建提供了坚实的着力点。

2014年12月,教育部公布《关于加强和改进普通高中学生综合素质评价的意见》(教基二〔2014〕11号),从思想品德、学业水平、身心健康、艺术素养、综合实践五大板块,反映学生全面发展情况和个性特长。2015年,上海公布《上海市普通高中学生综合素质评价实施办法(试行)》,结合《学生志愿服务管理暂行办法》(教思政〔2015〕1号)和《关于进一步落实中小学生社会实践工作的若干意见》等文件精神,进一步明确和强化了高中生综合素质评价背景下加强高中学生社会实践、志愿服务、公益劳动等方面的要求。2018年3月,《上海市进一步推进高中阶段学校考试招生制度改革实施意见》中明确提出"要关注初中学生社会考察、探究学习、职业体验等综合实践活动的情况记录,引导学生把课程学习内容与真实生活情境相结合,提高自身综合素质"。2019年8月,上海市公布《上海市初中学生社会实践管理工作实施办法》,将社会考察、公益劳动、职业体验、安全实训等纳为初中学生社会实践的主要内容,进一步强调了社会实践对于初中学生的重要意义。由此可见,在教育综合改革和综合素质评价体系中,社会实践活动为我们探索中学与大学社会实践的衔接提出了新的要求。

（四）协同共育是社会实践及其一体化的基本保障

《教育部关于联合相关部委利用社会资源开展中小学社会实践的通知》(教基一〔2011〕2 号)指出,"教育部将联合相关部委挖掘课程和社会两个资源,牵动学校和社会力量,建立主题教育社会实践基地,探索建立利用社会资源开展中小学社会实践的机制,推动中小学开展社会实践。主要在公共机构、公共设施、国有企事业单位等地,建设中华传统文化教育、革命传统教育、法制教育、科学技术教育、文化艺术教育、国防教育、保护环境和节约能源资源教育、安全健康教育以及经济建设和社会发展教育等多方面的社会实践基地"。

《教育部等八部门关于进一步激发中小学办学活力的若干意见》(教基〔2020〕7 号)提到,中小学要提升办学支撑保障能力,加强与社会有关方面合作,建立相对稳定的研学实践、劳动教育和科普教育基地,打造中小学生社会实践大课堂,免费或优惠向学生开放,充分发挥各类公共文化设施和科技场馆的重要育人作用。通过政府投入、政策支持、社会参与等多种方式,按照国家有关规定多渠道筹措经费,确保中小学生社会实践正常开展。社会实践一体化构建需要调动多方力量,充分利用各种社会资源和各方优势并进行整合,产生多主体的联动,形成学校、家庭、社会的横向贯通,达到协同共育。

四、社会实践及其一体化的意义

社会实践一体化构建以各学段社会实践活动的诸要素整合为突破口,丰富和优化社会实践内容与形式,落实一脉相承的德育培养目标和培养任务,逐级深化对学生综合素质的培养,系统化提升实践育人的内涵与品质,促进学生知识与能力、课堂与社会、践行与智慧的有机融合,实现知识与价值、理论与实践的统一,形成大中小幼社会实践完整的运行机制,切实提升社会实践的绩效,落实立德树人根本任务,更好地贯彻全面发展、素质教育的现代化教育理念。综上,社会实践一体化构建具有重要的理论和现实意义。

(一)社会实践及其一体化促进学生全面发展

1. 社会实践及其一体化与学生跨学科项目化学习

社会实践及其一体化是跨领域的,不仅能够通过综合性任务培养学生的跨学科观念,还能通过设计问题导向环节培养学生的探索研究能力。在社会实践及其一体化的跨学段背景下,学生通过接触不同年龄、不同背景的伙伴,培养了自身的包容性和合作能力。超越传统课堂之外的社会实践为学生提供了自由追求、表达自身兴趣以及充分挖掘个人潜能的机会,学生专注投入到实践活动中,能够发展包括自我调节和意志控制等在内的重要的社会情感能力。

有研究表明,如果实践环境支持学生的参与性和自主性,那么与学生自主性相关的能力就能够迁移到其他活动中。社区的容纳性很广,任何人都是社区的一分子,可以快速参与到社区活动中。社区内的文化、历史、场馆和同伴都是学习的共享资源。现实社会面临着大量的综合性问题,越来越体现出自然、社会与人之间的复杂联系,这些问题的解决需要多学科的联合和协作,需要超越各学科的视野和思路。社会实践及其一体化是学生核心素养培育的关键渠道,能引导学生面对真实性的问题解决,将学生与日常生活环境联系在一起。跨学科项目化学习能促进学科知识与实践活动的结合,提升学生的高阶思维和关键能力。

2. 社会实践及其一体化与学生社会情感能力发展

社会情感能力是指学生在学习和社会实践过程中表现出的对自我的认可和情绪管理能力、与他人交往和协作的能力以及完成任务时的领导力。社会实践与社会情感能力这两个概念之间有着紧密的联系。

经济合作与发展组织(Organization for Economic Cooperation and Development,简称 OECD)在全球青少年社会情感能力的国际调查项目(Survey on Social and Emotional Skill,简称 SSES)中发现,无论是室内还是室外的课外活动,都能够提升学生的社会情感能力,尤其是体育、艺术类活动能够显著提升学生的好奇心、创造力。此外,好奇心与学生的职业期待有较强的相关性,能够预测学生未来的职业选择,尤其是对 10 岁的小学生和 15 岁的中学生而言,好奇心和毅力影响着学业成绩。社会情感能力不仅是认知提高和学业进步的推动力,还是个人发展的关键能力。在教育领域,人们熟知的品格教育、德育、素质教育和非认知能力等均属于社会情感能力的研究范畴,这意味着学生的社会实践活动不仅能够为学生学业成绩提高助力,还能够促进学生的全面发展。

OECD 将社会情感能力定义为人在实现目标、与他人合作及管理情绪过程中所涉及的能力,包括行为的倾向、内部状态、完成任务的方法,以及行为和情感的管理与控制,表征个人与他人关系的关于自我和世界的信念也是社会情感能力的重要组成部分。

OECD 关于社会情感能力的国际调查采用心理学中被广泛运用的“人格结构五因素模型”,主要选择 5 个测量维度的 15 个能力指标对学生社会情感能力进行分析和评价(见表 1-1)。

表 1-1 OECD 社会情感能力测量框架

测量维度	完成任务			管理情绪			关心他人			建立人际关系			应对挑战		
社会情感能力指标	责任感	自律	坚韧	抗压力	稳定	乐观	移情	信任	坚定	社交性	合作	实践能力	好奇心	包容	创新精神

可见,社会情感能力是一种个人能力,是在与社会环境的交互中形成的,主要表现为个体在完成任务、管理自我情绪、与他人交往协作以及应对挑战时的持续稳定的思维和行为。培养社会情感能力的目的在于能够较好地适应社会。社会情感能力本质上是“关系的社会性构建”的能力。

社会实践是培养学生社会情感能力的有效途径。布朗芬布伦纳是社会生态系统理论的首个提出者,他将人生存的社会环境看作一种相互联系且相互作用的生态系统,注重人在环境中与各个体系的互动。查尔斯·H. 扎斯特罗博士是现代社会生态系统理论最著名的代表人物之一,他在《人类行为与社会环境(第六版)》一书中,打破个人与环境之间的对立,把个体的社会生态系统划分为微观系统、中观系统和宏观系统三个层次。在查尔斯·H.扎斯特罗的生态系统理论模型中,一方面,作为微观系统的个体是与其他各生态系统互动的主体,三层系统存在着多元互动的关系;另一方面,微观系统内部生物、心理和社会系统也处于相互作用中。

综上,社会实践的目标与培养学生社会情感能力的目标具有一致性。社会实践的过程与培养学生社会情感能力的过程具有协同性,即通过规划与实施社会实践可以培养学生的社会情感能力。

社会实践的过程和培养社会情感能力的过程都与环境相互作用。学生在社会实践过程中与更为多样的社会生态环境的有效互动过程正是培养社会情感能力的过程。基于互动的责任感、创新精神和实践能力恰是社会情感能力的核心要素。社会生态系统分为微观系统、中观系统和宏观系统三个层次。学生在微观系统中与自我互动,在中观系统中与家庭、教师、同学、朋友以及其他社会群体等互动,在宏观系统中与企事业单位、社会机构组织、政府机关、社区互动。社会实践建立了学生与自我、与他人、与环境互动的桥梁,学生超越课堂和学校的限制,与各类人群交流,与各行各业的导师或专业人士沟通,有利于其社会情感能力提升。

社会生态理论强调各维度之间的互动是动态的,培养学生社会情感能力有助于提升学生社会实践的参与度。情感之于人具有本体性价值而不仅仅是工具性价值,学校教育如果忽视对情感的关怀和涵养,便不可能实现对人的培养目标,不可能为完整的人、人的完整生命做奠定基础的工作。学生社会情感能力本质上是“关系的社会性构建”的能力,互动的有效性是社会情感

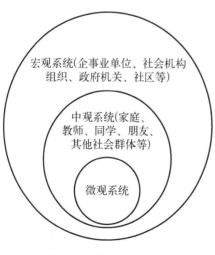

图 1-1 社会生态系统

能力的核心内涵。学生社会情感能力的提升,不仅有利于促进学生全面发展,还有助于提升学生社会实践的参与度,改善青少年身心健康和幸福感,从而产生长期的社会效益。社会情感能力的各维度均对个人有着长期的影响,与青少年时期的自我控制、自我调节以及成年后的许多领域密切相关,包括心理健康、幸福感、收入、犯罪率和死亡率等。公民的环境适应力,尊重他人、与他人合作的能力以及责任承担能力是和谐社会的标志。合作、共情和宽容等能力更是公民和国家实现可持续发展目标、有效参与和促进民主制度建设的关键。社会情感教育在关心人的精神状态并通达生命发展,建构人类伦理以及面对狭隘、封闭的教育积弊方面具有重要价值。

随着教育改革的持续推进,一些调研显示,目前我国越来越多的学生参与到各类社会实践中,如社会考察、志愿服务(公益劳动)、职业体验、综合探究等,这些社会实践对学生的自我认知、自律、责任感等社会情感能力的培养有着重要意义。学生社会情感能力的提升,有利于促进学生个体心理的社会层面的互动,改善青少年健康和幸福感,并且提高社会参与度。劳动教育的时代性与教育属性要求,必须高度重视学生高阶能力的培养,高阶能力包含高阶思维能力和社会情感能力,它对我国高阶人才的储备、公正民主劳动氛围的形成、良好劳动价值观的养成具有极大的价值。

3. 社会实践及其一体化与学生职业生涯教育

社会实践通过多样的职业体验项目,有利于学生规划职业生涯和未来发展,更有利于教师探索学段衔接的职业生涯教育实施途径,进一步促进学生职业生涯教育。生涯发展是以自我了解、自我接受和自我发展为基础,逐渐形成一个整合而适当的自我概念,同时将此概念转化为实际的生涯选择与生活方式,从而实现个人的生涯发展目标,满足社会的发展需要。学生获取职业相关知识的方式较为杂乱,无法甄别信息并进行个人的职业取向匹配。此外,理论和实践通常也有一定差距,学生往往是参加工作之后才发现自己可能并不适合所处行业。中小学阶段的社会实践是学生职业生涯教育的有效方式,学生能够通过体验大学课程,与大学生交流,了解不同专业的实际情况;学生也能够深入工作现场,切实体验不同职业的内涵,树立起新的职业发展观,对自己的职业规划产生新的认知和思考。

(二)社会实践及其一体化促进教师教书育人

在日益变化的复杂社会中,单一的技能已无法满足教育教学的要求,教学实践也不再局限于某一领域,提升跨学科素养是教师专业发展的需求。跨学科素养也被称为领域一般素养,不依赖于特定领域的知识或技能,具有跨越不同文化或背景的一般性,可以应用到一系列不同的任务、情境和领域中。素养的突出特征在于个体能够选择和应用已有的认知资源和非认知资源,应对现实工作中的各种复杂需求和挑战。跨学科素养是个体通过发展而形成的个人特质,可以迁移并应用到各种不同的领域之中,包括自我概念、批判性思维、创造性、科学探究能力等。学科的或跨学科的教学包含了学习者在交互作用中的知识建构问题,也包含了学习者在交互作用中的人格建构问题。跨学科整合课程对于儿童从经验的方式向理性自觉的方式认识世界和参与社会转化具有至关重要的作用。具备跨学科素养的教师能够高于传统教学观,更倾向于设计指向学生全面发展的、超越学科边界的教学设计和实践安排。

如果不为学生提供来自现实世界的整合情境,让学生充分经历跨学科的现实问题的解决过程,所谓的学科知识和方法不过只是一种惰性知识。学生需要在真实的实践过程中对不同领域或者学科的概念、理论和方法进行整合和运用,而不仅仅是在各学科考试中取得高分。社会实践一体化为这种整合和运用提供了通道,通过问题导向的项目式、专题式的实践活动,同时注重学生实践前的自主学习、实践中的创新与探究、实践后的反思和提高,提升教师的教育教学能力。正因如此,社会实践及其一体化也为教师教育教学的实践育人赋能。

第二章 国际视野下的学生社会实践及其一体化

一、德国社会实践中的中学生职业体验

随着教育理念的不断更新和社会竞争的加剧,越来越多的国家开始注重中学生职业体验教育。德国作为欧洲教育强国之一,在这方面有着丰富的经验和成功的案例。

(一)中学生职业体验的背景

德国社会实践中的中学生职业体验的背景可以追溯到20世纪初。当时,德国一些教育家开始提倡学生参与社会实践,认为这是培养学生社会责任感和实践能力的有效途径。20世纪60年代,随着德国社会的变革和经济的发展,中学生社会实践开始受到更多的关注和重视。德国政府制定了一系列中学生社会实践的政策和法规,为学生的社会实践提供了更好的支持和更多的保障。

德国是一个以工业制造和技术创新为主要特点的国家,拥有着众多的世界知名企业和高科技产业。然而,随着人口老龄化和经济发展,德国面临着越来越严峻的人才短缺问题,尤其是在技工方面,德国一直存在着较大的缺口。因此,德国政府开始注重中学生社会实践中的职业体验,帮助学生更好地了解职业选择和实际工作情况,从而更好地规划未来的职业生涯。

(二)中学生职业体验的实施方式

德国社会实践中的中学生职业体验的实施方式主要有以下几种。

1. 职业探究项目

德国的中学生职业探究项目是一种通过实践活动了解职业的方法。学生可以在学校或企业进行一系列的职业探究活动,如听取企业讲座、参观企业、参加职业训练等,了解企业的运作模式、组织结构、产品研发和生产流程。通过这些活动,学生可以亲身体验职业的工作内容和环境,深入了解不同职业的特点、工作内容和要求,从而更好地了解自己的兴趣和能力,为未来的职业选择做好准备。

2. 职业体验课程

德国的中学生职业体验课程是一个为期数周至数月的教育计划,该计划提供不同领域的实践经验,通常安排在学生的课程中,或安排在寒暑假进行。课程长度从几周到几个月不等,具体取决于学生的需求和学校的要求。有企业为学生提供课程指导,帮助他们获得实践经验和技能,这些企业通常是德国国内或国际公司。学生完成课程后,会获得学分和证书,可以帮助学生在未来的职业生涯中获得优势。

3. 职业咨询服务

德国的中学生职业咨询服务是一种通过专业咨询帮助学生选择职业的方法。学生可以在学校或职业咨询机构与经过专业培训的咨询师进行一对一的沟通,了解自己的兴趣和能力,了解不同职业的特点和要求,从而更好地规划自己的职业生涯。

柏林市中心的一所中学为了让学生更好地了解职场和社会,在高中阶段开展了一项名为"职业体验周"的活动。这项活动旨在让学生在一周内体验不同的职业,了解各个职业的职责和工作环境。在这一周里,学生可以选择自己感兴趣的职业进行体验。学校提供了多种职业选择,包括医生、律师、教师、警察、消防员、工程师、厨师等。学生需要提前选择自己感兴趣的职业,并向学校提交申请。学校会根据学生的申请,为他们安排一周的职业体验。在职业体验周,学生会跟随专业人员进行实地体验,了解职业的具体职责和工作环境。例如,学生可以跟随医生观察门诊和手术,了解医生的工作流程和医疗设备的使用;也可以跟随警察进行巡逻和调查,了解警察的工作内容和应对紧急情况必须要掌握的技能。这样的实践活动不仅能够让学生更好地了解职业,还有助于培养学生的实践能力和团队合作精神。此外,学校还为学生提供了一些职业技能课程,例如如何写简历、如何面试、如何进行商务礼仪等,这些课程不仅有助于学生更好地了解职场,还可以提高他们的职场素养和竞争力。在职业体验周结束后,学生需要提交一份报告,总结自己的职业体验和所学到的知识。学校将会根据学生的报告对他们进行评估,并为他们颁发相应的证书。

（三）中学生职业体验的成效

德国中学生职业体验的成效主要体现在以下几个方面。首先,提高职业意识。通过职业体验,学生可以更加深入地了解不同职业的特点和要求,提高对职业的认识和理解,从而更好地规划自己的职业生涯。其次,促进全面发展。在体验过程中,学生不仅可以锻炼自己的职业能力,如沟通能力、团队合作能力、解决问题能力等,还可以发展自己的兴趣爱好和个性特点,从而更好地适应未来的职业需求。再次,培养社会责任感和实践能力。学生可以了解自己所学知识的实际应用情况,同时也能够了解社会的运作、社会文化和社会环境,参与社会实践的学生表现出更高的社会责任感和更强的实践能力。最后,提高学生的学业成绩。德国柏林自由大学的研究人员对来自德国不同地区的6 000名学生进行了调查,结果表明,参与社会实践的学生在学业成绩上表现更出色。具体来说,参与社会实践的学生在语文、数学和外语等学科中的成绩明显高于没有参与社会实践的学生。此外,参与社会实践的学生还表现出更好的社交能力和自我管理能力。

（四）中学生职业体验的经验启示

1. 注重实践教育

德国社会实践中的中学生职业体验的教育理念是注重实践教育,通过实践活动来帮助学生了解职业,提高职业能力和竞争力。德国学生在社会实践中,不仅要进行实践活动,还需要进行相关的理论学习和研究,以便更好地理解和掌握实践中的知识和技能。同时,在社会实践中,学生有更多的自主权和选择权,可以根据自己的兴趣和特长选择参加不同的实践项目。这种教育方式符合现代社会的发展需求,能培养更多高素质、高技能的人才,为经济和社会的发展做贡献。

2. 促进教育与产业的融合

德国社会实践中的中学生职业体验的教育方式是通过学校和企业的合作来实现的。这种教育方式不仅可以促进教育与产业的融合,还可以提高学生的职业素养和就业竞争力。德国的教育体系非常注重社会问题和公益事业,因此,在社会实践中,学生通常会选择与社会问题和公益事业相关的项目,在职业体验中亦是如此。综上,必须加强学校和企业、社会各界的合作,促进教育与产业的融合,为学生的职业发展提供更多的机会和支持。

3. 推崇实用主义和创新精神

实用主义是指将理论知识应用于实践,寻求实际解决问题的方法。德国学生在社会实践中注重实用主义的表现主要体现在以下几个方面。第一,注重实践经验的积累。在德国,学生在社会实践中会积极参与各种实践活动,例如在社区服务中心、博物馆、图书馆、医院等机构实习,以及参与各种志愿者活动等。通过这些实践活动,学生可以积累实践经验,提高解决问题的能力。第二,注重实践应用。在德国,学生把学到的学科理论知识应用于实践,例如在社区服务中心帮助老年人解决生活问题、在医院陪伴病人、在博物馆解说展品等,这样,理论知识就转化为了实践能力。第三,注重实践成果的评估。学校或者企业运用观察法、问卷调查法、访谈法等方式,对学生的实践成果进行评估,通过评估,发现学生的不足之处,从而进一步提高学生的实践能力。

创新精神是指开拓新思路,寻求新的解决问题的方法。德国学生在社会实践中注重创新精神的表现主要体现在以下几个方面。第一,注重学生创新思维的培养。在德国,学生在社会实践中会被要求提出新的解决问题的方法,例如在社区服务中心提出新的服务方式。第二,注重学生创新技能的提升。学生在社会实践中会被要求不断尝试运用新的技能来解决问题,例如在博物馆进行讲解和展示时,学生通常会尝试新的方法和技术，以便更好地解决实践中遇到的问题和挑战。第三，注重创新成果的分享。学生在社会实践中会被要求分享自己的创新成果，例如在学术交流会议上分享自己在各类企业实习体验后的创意点子，激发更多的创新思维和创新实践。

二、日本超级全球高中的社会实践

2014 年，为促进高中生全球领导力教育，日本文部科学省设立超级全球高中(Super Global High School)，在 123 所超级全球高中指定校中推进高质量课程的开发和实践及其体制建设，目的是培养学生对社会问题的兴趣、深层次的沟通能力和问题解决能力，以及其他国际性知识，从而培养未来能够在国际上发挥积极作用的全球领导者。为了强化学生多方面的能力，不仅仅局限于提升学生的英语水平，许多学校都在积极实施跨学科课程的开发和包括海外研学在内的体验性学习等先进措施。超级全球高中与国内外正在推动国际化的大学、公司和国际组织合作，对全球社会和商业问题进行横向、全面和探索性的研究，尤其在社会实践活动中，高中生需要就课题研究主题进行国内外实地考察，以扩大高中生的视野，迎接未来的机遇和挑战。

（一）日本高中教育改革背景

日本国家青年与教育研究所(National Institution for Youth and Education，简称 NIYE)分析了儿童时期的社区和户外活动与青少年和成年时期的社会情感能力之间的潜在联系。研究发现，那些童年时期与自然相处、与同龄人玩耍、参与社区活动的人，往往对新的经历持更开放的态度，具有更高的规范意识，具备更高的人际交往技能。为了推进教育改革，根据《2018 年经济财政运营和改革的基本方针》和《2018 年振兴城市、人民、就业的基本政策》(2018 年 6 月 15 日内阁决定)，高中通过与大学、企业和其他社区组织合作，建立联盟，促进学生开展解决地方问题的探索性学习，促进高中与市、町、村、当地企业的跨领域合作以及与小学、初中和大学的跨学段合作。联盟以解决当地问题为目的，为高中生提供仅在校内无法完成的多样化的社会实践，促进高中生的探究性学习。日本以高中为中心，辐射大学、专修学校、小学、初中、地方企业、地方非营利组织、社区教育机构、市、町、村等,通过教育联盟合作构建有效匹配高中生与地方课题的机制。一方面,高中生通过地区社会实践活动能够更加了解当地地区,促进未来高中生的回乡建设;另一方面,高中生参加地方社会实践能够为提高地方活力作贡献。

(二)日本超级全球高中社会实践案例

日本超级全球高中的社会实践以课程为主要形式,以探究型课题为主要内容,以多方参与为主要特点。为了培养未来的地区领导者,加深学生对所在地区的认识,使学生具备面对未来时代所需的技能,静冈县牧之原市榛原中学校致力于培养学生的全球视野,推进学校教育改革。一方面,建立以综合探究实践为支点的学科合作体制。静冈大学教育学部作为课程开发顾问为课程研究和实践提供支持。其中,关于学科合作的研究内容包括通过教师会议进行信息共享和分工协调、校内推进合作体制建设、开展校内研究、促进与其他优秀学校的合作、推进课程管理等;设计课程以综合探究实践为核心,在综合探究实践中开展以公民科目(现代社会)为核心的课程管理,涵盖公民科目、国语科目、英语、理科数学。另一方面,开发一系列具体的促进高中和大学接续过渡的社会实践。对于高一年级普通科的实施计划是以"发现社区中的问题,并思考如何合作解决这些问题"为目标,具体活动包括5月参加事前培训,6至7月参加牧之原市市长的访问讲座和商业人士的讲座,10月前往静冈县富士之国茶之都博物馆进行实地考察,12月前编写学习成果报告,第二年的1月至3月在牧之原市市政厅进行学习成果汇报。此外,榛原中学校还有一些特色课外社会实践举措,比如组织30名高一至高三的学生参加牧之原市组织的"地区领导者培养项目",培养未来支持当地社区的人才。

千叶市稻毛高中对高一年级学生和高二、高三年级学生的探究活动有不同的要求。高一年级学生需要参加稻毛高中的"千叶市振兴项目"。该项目要求学生掌握探究活动的基本技能,并对与联合国可持续发展目标相关的千叶市的社会问题进行调查和研究。高二和高三年级的学生则需要参加"可持续发展目标研究项目"。学生将按照不同的研究领域开展不同形式的研讨会,并且根据对17个可持续发展目标的认识自行设定研究主题。此外,学生们均要参加成果发布会,成果发布会上有千叶大学、神田外国语大学、敬爱大学、东京情报大学、全球企业等,为学生提供相关指导和建议。

山形县九里学园高中位于有机农业运动起源地的小镇,结合学校特色,开展社会实践。为了解决日本与生活方式有关的"现代病",九里学园高中与地区厂商、当地的有机农场协作,开展"五感学习"的实践活动,研究真正促进身心健康的饮食,解决当地问题。首先,学生要了解健康土壤的相关知识,内容包括健康和土的关系、为什么要研究土、土对于世界的意义;其次,学生通过指导在发酵的高矿物质田里种植毛豆,并品尝使用高矿物质食材烹饪的健康乡土料理,体验健康的餐饮;最后,学生在实践中研究问题、分享课题。九里学园高中还开展了"儿童食堂项目",引导学生开设儿童食堂,促进学生对儿童食堂的了解,创造可持续、有价值的实践活动。学生通过实际操作,在实践体验的过程中学习社交礼仪和商务方法,培养学生主动解决问题的能力,培养区域创新人才。此外,"多文化共生项目"也是九里学园高中的特色,学生与当地外国居民共同开展活动,让外国居民融入当地社会,成为真正的市民。学生在与外国居民的对话中能听取外国居民真正的想法,意识到现实存在的问题。值得注意的是,并非是要从学生的视角来了解共生社会,而是要了解外国居民所希望的社会的状态,从而达到合作建设的新共生社会。这不仅可以培养学生的同理心和对多元文化的深入理解,还能培养学生解决问题的行动力以及明确自己作为当地社区的一员所需要承担的责任和义务。

富士见丘中学高等学校"创造可持续发展的全球社会"项目,为深化学生的社会课题研究,在合作大学、公司、国际组织等的协助支持下,进行跨学科探究学习《可持续发展基础》《可持续发展练习Ⅰ》《可持续发展练习Ⅱ》的课程研发,在高一和高三的综合学习实践中实施。其中,高一学生所修的《可持续发展基础》包含"灾害与地区社会""发展经济和人民""环境与生活方式"三个部分,每个部分都有主要的合作大学,分别为庆应义塾大学环境情报学院大木圣子研究室、庆应义塾大学理工学部伊香贺俊研究室、新加坡管理大学经济学部藤井朋树研究室。此外,不同科目的教师组成团队指导跨学科教学。他们访问岩手县釜石市,在社会课题现场进行"釜石现场工作";与庆应义塾大学研究生媒体设计研究科合作,与研究生留学生共同参加利用信息技术学习全球课题的"全球研讨会"。

长野高中广泛开展区域合作,明确"学生成为全球领导者"的培养目标,即要理解长野县所具有的优势,培养学生对地方振兴的信念;培养学生的分层思维、突破性思维和国际对话能力;提高学生实现高质量探究学习的信息收集能力和信息活用能力,掌握发布能力;学生能够与地方联盟一起,对当地实现联合国可持续发展目标提出有效的政策建议。长野高中与当地各个组织展开了合作,不仅让东京海上日东保险公司负责学生的社会实践活动,而且与长野县信州大学保持良好的协作关系,为学生提供大学体验课程和采访实践的机会。在长野高中高二年级技能培训课程中,学校组织社会在职人员参加课程,并与学生协商实地考察的参观地点。第一部分是"长野学生能做的事"的小型讲座,第二部分是数据利用和处理的讲座或实地考察咨询,第三部分是返回班级进行讨论与分享。长野高中要求学生组建各自的小组,并且每位学生需要承担一个角色,包括领导人、副领导人(与领导人异性)、记录员、数据分析员。调查过程设计了多次的学生实地考察,包括有关人士的演讲和采访,以及与国外城市进行比较等。此外,受新冠疫情的影响,长野高中积极开展视频会议,为学生提供与东京的导师们交流与咨询的机会。

东京都世田谷区昭和女子大学附属高中拟定了培养城市型社会课题传播能力的交叉服务学习计划。昭和女子大学附属高中立足本地,展望全球,积极开展各项合作,形成教育联盟,包括与昭和女子大学的国际交流科以及服务学习中心的合作;推进区域合作,包括与世田谷区政策经营部、世田谷区志愿者协会、世田谷区产业振兴公社、当地企业、当地小学、当地幼儿园、当地非营利组织等的联络,匹配学生在服务实践中的实习地点;推进国际交流合作,联络海外非政府组织和海外大学、高中等共同研制与芬兰、泰国、柬埔寨的国际交流方案。合作项目不仅包括多样化的海外研修学习,还包括社会参与型的探究性学习——当地服务实践。学校开展实践活动事前学习,为学生提供方法论指导和技能培训。本地实践活动以高一、高二全体学生为对象,活动地点的选取、预约和安排,合作机构的联络都由学生自己负责。高一学生被要求挖掘与当地社会有关的课题,高二学生则针对该课题设计行动计划并实施。学校邀请当地企业家、当地人才和团体开展讲座、职业演讲会等,促进学生的地区了解,为学生的课题提供帮助。昭和女子大学附属高中利用教育云服务的线上功能促进学生学习成果的积累,学校和教师也可以掌握学生的实际情况和进展,从而能够根据学生的实际情况调整研究内容。

三、美国社会实践中的学生社会情感能力培养研究

正如上文所述,社会实践是培养学生社会情感能力的有效途径,培养学生社会情感能力有助于提升学生社会实践的参与度。目前各国都在开展相关研究和实践。美国是较早开展学生社会实践的国家之一,也是较早提出培养社会情感能力的国家之一,美国在社会实践中培养学生社会情感能力的研究和实践尤其具有现实的指导意义,值得借鉴。

（一）政府顶层设计

美国政府高度重视学生社会实践,把提高学生解决实际问题的能力和提高学生实践能力作为教育目的之一。1990 年的《国家与社区服务法案》（National and Community Service Act,简称 NCSA）对社会实践进行了这样的定义:社区、学校和社区服务计划中心相互配合,安排学生完成社区真正需要的服务,以帮助学生或参与者的学习或成长,培养学生的公民责任感,将学生的学术性课程与社区服务整合为教学单元。该法案将美国原有社会实践的志愿服务和社区服务进行了融合,使得社会实践成为教育改革运动,鼓励学生融入社会,强调无偿为他人服务,学会服务他人,培养学生人际交往的能力。1994 年,美国各级政府在财政预算中拨出大量经费支持社会实践活动。

20 世纪 90 年代,社区服务得到美国联邦政府和州政府的广泛支持。2008 年,美国政府开展了账单服务行动,主要目的是使得社会实践制度化。美国除了成立全国性的社会志愿服务组织外,还出台了保护志愿者权益的法案。

随着社会情感学习概念的提出,美国在培养学生社会情感能力的顶层设

计中涉及社会实践的内容。美国 2015 年《每一位学生成功法案》(Every Student Succeeds Act,简称 ESSA)、2021 年"美国拯救计划"(American Rescue Plan,简称 ARP),以及劳动力政策(Workforce Policies,简称 WP)等联邦层的政策都分别从不同角度提出通过社会实践培养社会情感能力。ESSA 授权各州 K－12 政策为社会实践培育社会情感能力提供资金支持,支持学生"非学术"的更广泛的成功、更专业的职业发展。ARP 的投资可投入到建立支持提升社会情感能力的跨学科的社会实践项目中,并通过社会实践将劳动力准备和学术内容领域相结合,提升学生的社会情感能力。WP 提出,将社会情感能力的培养作为社会实践培养的一部分,以加强学生在正式加入劳动力之前的必要技能,并将中学和中学毕业后高质量的社会实践作为培养学生社会情感能力、提升公民竞争力的重要方法。教育评价是以科学的方法、先进的技术为手段,有一定程序和系统活动的行为过程。美国率先推出了社会情感能力评价指标体系,并积极参与建设 OECD 的评价指标体系。社会实践对社会情感能力的作用也作为社会情感学习的一部分纳入了社会情感能力评价中。美国曾把社会实践获得的学分作为毕业的重要依据,目前逐步发展为采用基于学生全面发展的综合评估方式,其中就包含社会情感能力的评估。通过对学生社会情感能力的评估可检验社会实践项目的有效性,改进学校对社会实践项目的指导和实施。

美国各州基于联邦的授权,积极推动社会实践中社会情感能力的培养。社会实践作为社会情感学习的方法之一被认为是较为公平的。通过协调一致的政策、资源和行动,鼓励地方学校和社区为学生提供社会实践项目,以促进学生全面发展,提升社会情感能力。美国学术、社会和情感学习联合会(Collaborative for Academic, Social, and Emotional Learning,简称 CASEL)在各州推动多方协同的社会情感能力培养的行动方案,其中对州、学区和学校分别从如何建立基础性支持计划、加强授课教师的社会情感能力、为学生推荐各类社会情感能力项目、在项目实践中提升学生的社会情感能力等方面提出了相关的推荐方案。可见,在美国联邦政府的顶层设计下,各州在社会实践中培养学生社会情感能力得到了政策授权和资金支持,从而使得学校充分调动各类社会资源来设计社会实践项目以培养学生的社会情感能力。

（二）多方协同推动

美国阿斯彭研究所全国社会、情感和学术发展委员会（The Aspen Institute National Commission on Social, Emotional, and Academic Development）创立的目的是让社区参与并激励社区重新构想学习，涵盖社会、情感和认知维度来思考学习，从而使所有儿童都能在学校、职业和生活中取得成功。阿斯彭研究所全国社会、情感和学术发展委员会成员是来自美国教育、研究、政策、商业和军队的领导人，团队包括杰出教育者委员会、杰出科学家委员会、青年委员会、家长咨询小组、合作伙伴合作组织和资助者合作组织。阿斯彭研究所全国社会、情感和学术发展委员会发布的《为学习的发生提供支持的实践议程》（A Practice Agenda in Support of How Learning Happens）指出，希望学生、教师、家庭、课外实践机构和青年发展组织等学校和社区在内的所有人能够共同努力，创造促进所有青年全面发展的课内外学习环境，其中包括许多推进学生社会实践育人的有效措施。

企事业单位、媒体、社区、民间机构等也为社会情感能力的培养提供支持。"塔科马儿童计划"（The Tacoma Whole Child Initiative）是一个为期十年的战略计划，旨在支持学生在课堂内外取得成功。塔科马公立学校是美国华盛顿州第三大学区，为了解决塔科马儿童和青少年的全面发展的需求，塔科马区领导与华盛顿大学塔科马分校决定开展更广泛的社区合作，包括卫生和服务部门、地方基金会、青年发展团体等，并与该市的公民、商业、课外活动组织和高等教育的领导层等进行了一系列广泛的对话，建立了"学术卓越、伙伴关系、前期学习、安全一致"的教育目标，其中"伙伴关系"目标正是社会情感能力的领域。这种清晰的共同愿景使每个人都参与到学生教育的过程之中，并且认可社会情感能力能够通过培养而得以提升。

美国社会实践中的公民体验教育活动，学校组织学生到政府、裁判所、警卫局、法律事务所等机构学习，让学生体验现代公民的责任。学校—社区伙伴关系，通过增加学生参加课外实践的机会，为社会情感学习提供额外的机会,并加强他们在社区中的参与。有研究表明,学生积极参与的社会实践有助于其在社会情感能力上获得进步。

"扩展学校"是美国的非营利性组织,致力于通过丰富的实践经验缩小学生的学习差距。该组织为学校和社区的合作伙伴提供支持,扩大学生的学习机会,并对社会情感学习的实践进行调整。例如,"拓展学校"为合作学校制定了包括"午餐后十五分钟"的新策略,学生可以与教师交流自我感受;还安排了咨询时间,教师帮助学生处理冲突,做出更好的决定。此外,不同学段的伙伴共同参与实践活动对青少年的自尊心、自我意识、社交能力、行为问题产生了广泛的长期影响。美国发展研究中心开发的关心型共同体的社会情感能力发展项目就包括组织不同年龄学生结对建立亲密互助伙伴关系的措施。多方合作丰富了学生社会实践的内容与形式,学生可以在多样化的集体中互动,与来自不同学校、不同学段的多样性的学生、教师和社会群体交流,从关怀和理解的视角学会换位思考,发展包容性、共情和集体观念。

美国在各个地区成熟的社会实践的体系上融入对社会情感能力的培育,使得各方协同的社会实践体系在培养学生社会情感能力上更具针对性,使学生的社会情感能力有全面的提高。

（三）以学校为主体实施

美国的社会实践和社会情感学习的实施均以学校为主体。美国学校初始以多种策略和方式,采用不同的项目实施社会实践和培养社会情感能力,发展至今已逐渐在一些成熟的系统实施框架内开展,美国的《整合社会、情感和学术发展：学校领导团队的行动指南》(Integrating Social, Emotional, and Academic Development: An Action Guide for School Leadership Teams)和 CASEL 发布的《基于全校的社会情感学习指南》(The Guide to Schoolwide Social and Emotional Learning)中都有专门的阐述。不同学校的具体实施策略有所不同,但都包括如下基本要素：组建项目团队、提出项目愿景,拟定专项工作计划的愿景;通过多种宣传和发动,在学校营造通过社会实践培养社会情感能力的校园氛围;组建推进社会实践的教师队伍;选择社会实践项目并评估其对社会情感能力培养的作用;鼓励与引导学生参与适合的社会实践活动;社会实践通过多种途径获得社区的支持和帮助,使学生在社会实践中进行社会情感学习;评估社会实践对培养社会情感能力的效果;与社区或其他社会机构组织构建更紧密的关系来提升社会实践培养学生社会情感能力的效果等。以上环节也构成了学校实施的具体路径,既是美国学区领导和中小学校长的整体布局,又是学校的具体行动指南。

在教育一线,学生、家庭、社区和其他教育工作者需要树立一致的教育信念,即学习具有社会、情感和认知三个维度,学习和社会情感能力密不可分且相互依存,各类技能、态度和价值观特征融入学习并为学习提供支持。围绕一个中心愿景对具体的措施进行调整,体现了教育系统的连贯性和目标的清晰性,也使得校长和教师能够优先考虑并对工作进行整合,此外能够及时了解学生的社会实践需求和发展方向。在校内,教师的师生观、对师生关系的理解以及师生之间真实的交往等都渗透着德育的机会,是教师在学校教育更大范围内育人的重要途径。学生的发展离不开与其他个体的有效互动,其中师生互动在学校教育中最为频繁和常见。在社会实践中,教师也起主导作用,在学生社会实践的育人环节中发挥着重要的作用。在学生社会情感能力的各个培养主体中,教师处于核心地位。国内外研究结果均显示,师生关系对学生社会情感能力有着显著积极的预测。因此,有必要强化教师的社会情感教育信念,建立基于信任的师生关系,在教师以身示范的潜移默化中影响学生的学业和社会情感能力发展。而学生社会情感能力的提升,也有利于促进学生与个体心理的社会层面的互动,提高社会实践的参与度。教师与学生之间的互动方式以及建立积极关系对学生归属感、情感安全、与同龄人合作、自主学习能力起着关键的作用。

美国加利福尼亚州赫特伍德高中通过建立与学生密切合作的教师群,解决学生校内外的学习障碍,帮助学生顺利过渡到高中学习。教学团队组织学生参加"自我时间"的实践活动,发展学生有效沟通和设定个人目标的技能,有利于促进学生自我认知。项目成果表明,建立和谐的师生关系会使教学更有效果,师生相互尊重有助于促进双方的社会情感学习。值得关注的是,不同能力和背景的学生都应该获得认可,教师要区别个别学生的需求,促进所

27

有学生积极参与学习活动和社会实践项目,并给予充分的支持。

1. 引导学生参与社会实践的制订和实施

学生参与不仅是课堂之中的一种现象,还可以是以学生终身学习为目标的一种与社会、生活相联系,与新关系相沟通,服务长期生涯发展的积极的状态。学生参与要延伸到学校之外,因为家庭、同学和社区生态对学生的教育机会、志向兴趣以及对未来的憧憬有着强大的影响。有研究表明,学生积极参与的开放性有助于学生在学业和社会情感能力上获得进步。社会实践过程中的学生参与是有力的黏合剂,将包括学生在学校、家庭和社会中获得的已有知识、经验和兴趣及其生态影响与学校的组织结构和社会文化联系起来。当学生对参与的社会实践充满兴趣时,内在动机会被激发,其自主学习能力就能被调动。

美国康涅狄格州威斯布鲁克公立学校校长要求其所在学区的高中生从社区收集关于学校氛围的数据调查,并理解调查结果。学校还为学生开设了相关的发展学生领导力的选修课,包括处理焦虑情绪和与他人沟通等内容。这些选修课成为学区内小学、初中、高中学生和教师的公共资源。学区内高中生会为小学生和初中生介绍同理心和善意在与他人交往过程中的重要性,他们还促使教育委员会同意三名高中生成为挑选现任校长的委员会成员。

2. 整合有效的教师培训资源

家庭、学校、社区及其他机构组织等在帮助学生学习社会情感和认知能力并培养积极的态度方面有独特的优势。美国丹佛课外联盟与丹佛公立学校合作建立伙伴关系,与六所学校的课外组织合作,改善课外活动计划,重点关注学生的五大社会情感能力。通过协调一致的专业学习、辅导和合作,培养学校教师和课外项目人员的能力,从而创设高质量的学习环境。美国马萨诸塞州的威廉·詹姆斯学院愿意为学校提供为期九个月的关于学校氛围、社会和情感学习的研究生证书,帮助学校团队制定行动计划,将社会情感学习体系融入学区,由学区出资让一个学校团队(包括一名管理人员、两名任课教师和一名心理健康专家)参与该项目。

3. 开展积极的家校互动

学校—家庭伙伴关系,形成家庭和学校的互补,一方面学校为家庭提供社会实践机会以培养社会情感能力,另一方面家庭配合学校推进社会实践共同培养学生社会情感能力。

美国安克雷奇学区在每个新学年开始前会开家长会,由每位教师为每个家庭安排一个时间段来参观学校,在一对一的定向交流中建立学生、家长与学校的联系,学生和家长能了解到学校的文化和氛围,家长也能为教师提供关于学生优势和特点的相关信息,便于学校开展个性化的社会实践活动。学校要引导家长参与到为学生全面发展提供支持的计划和实施之中,通过积极的家校联系,培养家长社会情感教育能力,定期沟通学生的社会实践进展和收获,为学生社会实践的顺利开展提供保障;让家长有机会理解学习、社会实践与社会情感能力的关系,确保家庭和学校以一致的方法和信念教育学生,为学生创设从学校到家庭连续的、基于信任、情感安全的支持性的学习环境。

4. 形成学校—社区伙伴关系

学校—社区伙伴关系可以增加学生参加课外实践的机会,为社会和情感学习提供额外的机会,并加强学生在社区中的参与。在美国,服务学习计划是一种将有意义的社区服务与课程相结合的课外活动,学生在社区志愿服务中开展实践学习,在课程中反思服务经验,积极参与,加强对社区需求的理解。

圣迭戈高科技学校是以教育创新著称的特许学校,高中部组织了"分享你的学习"全国性活动,鼓励学生通过项目展示、学生主持的家长—教师会议以及小组展示,与真实的观众公开分享他们的学习成果。高科技学校为学生设置了数字档案袋,学生定期更新个人信息,收集个人完成学习和实践目标的证明、对学习和实践过程的反思。这种公开评估并未给学生打分,而是学生自主以多种方式与学校、家长及社区分享个人学习过程。这种评估方式通过学生向他人展示的实践情况和成长过程,考虑了学生的品格和能力的整体进步情况,不仅促进学生自我效能感、社交性和创新精神的发展,也提升了社会各界通过社会实践培养学生社会情感能力的共识。

第三章

中学生社会实践的实施现状与挑战

一、中学生社会实践的实施现状

"构建中学大学社会实践一体化课程及其运行机制研究"课题组通过问卷调查了解目前上海市长宁区中学生(初中、高中)开展社会实践的现状及存在的主要问题,了解中学生对社会实践的认可度和实际需求,探索中学大学社会实践衔接的可能路径,为后续构建中学大学社会实践一体化课程及其运行机制奠定基础。

参与此次调研的学校共有 10 所,包括 3 所高中、5 所初中和 2 所完全中学,均为上海市长宁区内具有代表性的中学。其中,高中既涵盖了上海市实验性示范性高中、区示范性高中,也涵盖了普通高中;初中覆盖了上海市长宁区东部、中部和西部各片区的学校。

研究根据不同学段学生的特点,分别设计了高中生版问卷和初中生版问卷,调查问卷(详见附录一:《长宁区中学生社会实践现状调查问卷(高中生版)》和附录二:《长宁区中学生社会实践现状调查问卷(初中生版)》)主要从以下三个方面进行设计与调查:第一,了解初中、高中目前开展社会实践的现状以及存在的主要问题,着重寻找三学段(初中、高中、大学)社会实践衔接的可能路径;第二,了解中学生对社会实践的认识与感受,进一步分析中学生对于社会实践的认可度以及社会实践的开展成效;第三,了解高中生对于社会实践的实际需求,如实践内容、实践方式、评价方式等,为后续构建中学大学社会实践一体化项目提供依据。本研究通过问卷星发放电子问卷,学生扫描二维码填写问卷,回收问卷数量为高中生 991 份,初中生 2764 份。后续主要采用描述性统计与推断性统计相结合的方式进行数据分析。此外,为了对调查结果中两个变量的关系进行深入分析,还采用了交叉分析的方式。

(一)中学生参与志愿服务(公益劳动)类、职业体验类、综合探究类人数随着学段升高而增加

通过查阅大量文献和政策文件并结合实践探索,本研究将社会实践活动分为四大类。第一类为社会考察类,如考察博物馆、图书馆、科技馆、爱国教育基地、大学等。第二类为志愿服务(公益劳动)类,如担任社区志愿者、大型赛事志愿者等。第三类为职业体验类,如体验教育、医务、办公室文员、单位挂职锻炼等职业岗位。第四类为综合探究类,如课题研究等。如图 3 - 1,3 - 2 所示,学生在中学阶段(初中、高中)主要参与的社会实践活动是社会考察类和志愿服务(公益劳动)类,职业体验类的社会实践活动较少。相比于初中,进入高中后,参与社会考察类社会实践活动的学生有一定程度的减少,而参与志愿服务(公益劳动)类与职业体验类社会实践活动的学生都增加了 10% 左右,参与综合探究类社会实践活动的学生比例明显增多,超过 30%。

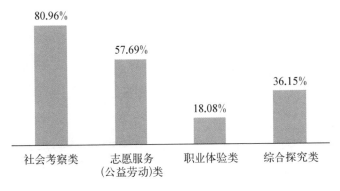

图 3 - 1　初中生参与各类社会实践活动的情况

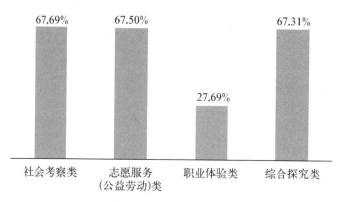

图 3-2　高中生参与各类社会实践活动的情况

（二）中学生对于社会实践认可度较高，提升综合素养的意愿强

中学生对于社会实践的需求和认识相当多元，进入高中后，参与综合探究类的学生比例相比于初中明显增多。随着学段逐步升高，中学生的综合能力逐步提升，动手实践能力也逐渐增强，学生更希望在社会实践中丰富知识，锻炼素质，增长才干，提升自身综合素养，为实现自身的人生价值而积累丰富的人生经验，促进全面发展。

由图3-3、3-4可以看出，无论是初中生还是高中生，认为社会实践的内容与形式丰富、多样的都超过80%，可见，如今社会实践的内容与形式能够满足大部分中学生的需求。

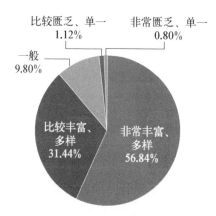

图 3-3　初中生对社会实践内容与形式的评价

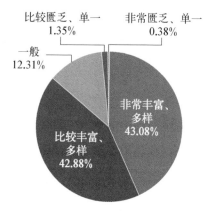

图 3-4　高中生对社会实践内容与形式的评价

从图 3-5、3-6 可以看出,初中生与高中生对于参与社会实践收获的感受比较一致。他们认为,参与社会实践最大的收获是能够提升综合素养。此外,其他的收获主要集中在:拓宽知识面、培养兴趣、了解社会实际、提升交往能力和发展个性等。由此可见,社会实践能够促进学生的全面可持续发展,同时也间接地反映社会实践推动了学生综合素养的培育。然而,在现阶段社会实践的开展过程中,学生组织策划能力、研究方法和创新意识等方面的培养还有待加强。获得奖状、证书和参赛证明的数据也提醒我们思考,在活动评价方面是否还有优化的空间,以进一步提高学生参与社会实践的积极性。

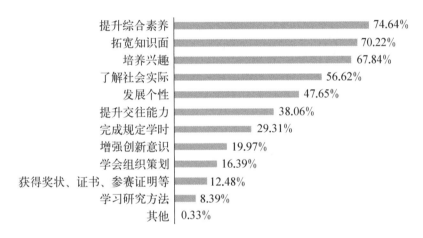

图 3-5　初中生对于参与社会实践收获的感受

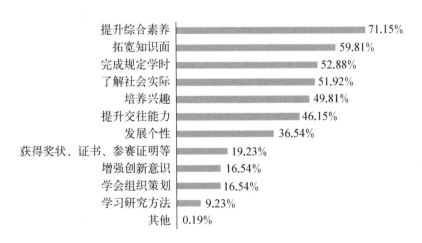

图 3-6　高中生对于参与社会实践收获的感受

对比上述两张图可以发现,现阶段初中生与高中生的最大区别在于,初中生认为参与社会实践的收获是"完成规定学时"的仅为 29.31%,而高中生则占了 52.88%,这是因为对于高中生的社会实践学时要求已于 2015 年推行,而对于初中生的学时要求则是 2019 年 8 月在《上海市初中学生社会实践管理工作实施办法》中提出的,高中社会实践学时的更早推行使得高中生更关注社会实践学时。

从中学生对社会实践重要性的认可度(见图 3-7、3-8),对社会实践的喜欢程度(见图 3-9、3-10),对社会实践效果的认可度(见图 3-11、3-12)三个方面综合分析,无论是初中生还是高中生,超过 78% 的中学生都很认可社会实践的重要性,并且喜欢参与社会实践活动;绝大部分中学生都认可社会实践的效果。由此可以看出,大部分学生都愿意在中学阶段参与社会实践活动,并且对于现阶段社会实践的开展情况较为满意。

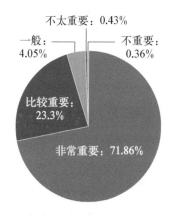

图 3-7　初中生对社会实践重要性的认可度

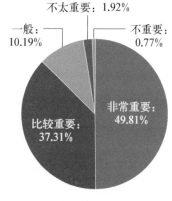

图 3-8　高中生对社会实践重要性的认可度

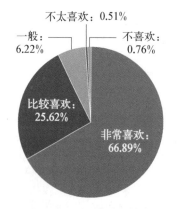

图 3-9　初中生对社会实践的喜欢程度

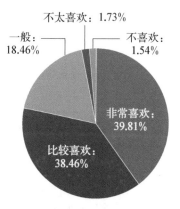

图 3-10　高中生对社会实践的喜欢程度

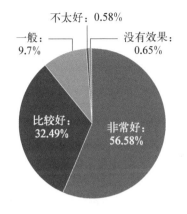
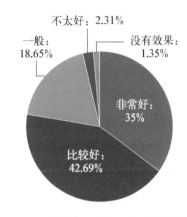

图 3 - 11　初中生对社会实践效果的认可度　　图 3 - 12　高中生对社会实践效果的认可度

综合比较上述 6 张图可以发现,初中生与高中生也有一定的区别。在初中生群体中,认为社会实践"非常重要"的占 71.86％,"非常喜欢"参与社会实践的占 66.89％,认为效果"非常好"的占 56.58％,都要远高于高中生选择的比例。可见,初中生对于社会实践活动的认可度达到了相当高的水平,而高中生可能由于学业压力等原因,并没有初中生那般热情高涨。

二、中学生社会实践存在的挑战

（一）中学生对于社会实践的各项需求攀升

1. 中学生对于开展社会实践频率、时间的需求

由图 3 - 13、3 - 14 可以看出,绝大多数的初中生和高中生都希望每学期开展 1—3 次社会实践,其中,近 1/3 的初中生希望每学期开展 3 次社会实践,可见初中生希望有更多参与社会实践的机会。此外,由图 3 - 15、3 - 16 可以看出,大部分中学生都希望将社会实践安排在寒暑假,而选择安排在周末的学生相对较少。这是因为中学生的学业压力繁重,他们更希望将社会实践安排在空闲时间较多的寒假和暑假,并且时间相对集中。

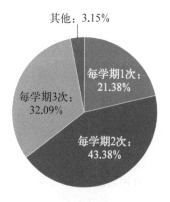

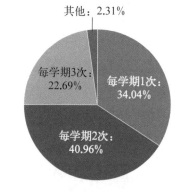

图 3‑13 初中生希望开展社会实践的频率   图 3‑14 高中生希望开展社会实践的频率

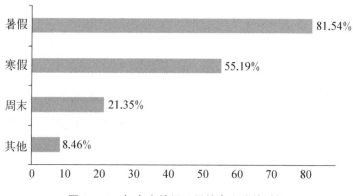

图 3‑15 初中生希望开展社会实践的时间

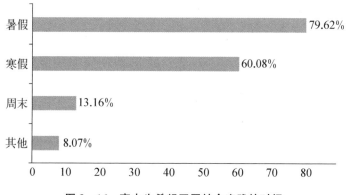

图 3‑16 高中生希望开展社会实践的时间

2. 中学生对于社会实践活动类型的需求

如图 3-17、3-18 所示,初中生与高中生希望增加的社会实践活动类型排名前四的均为:实践体验类、动手制作类、职业体验类和考察参观类。其中,初中生选择最多的是实践体验类,选择动手制作类和职业体验类的学生也超过一半,反映了初中生希望"动起来"的愿望。而高中生选择最多的是职业体验类。根据前面的数据分析可以看出,职业体验类社会实践活动是现在较为欠缺的,但却是学生亟须的。

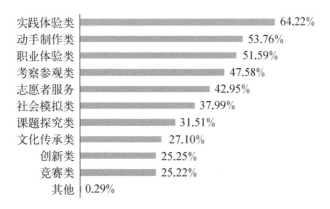

图 3-17　初中生希望增加社会实践活动的类型

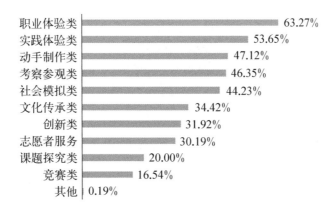

图 3-18　高中生希望增加社会实践活动的类型

如图 3-19、3-20 所示,初中生希望进入高中后参与社会实践活动的类型按选择人数排序,前三名依次为:实践体验类、岗位实习和社会模拟类;而高中生希望进入大学后参与社会实践活动的类型按选择人数排序,前三名依次为:岗位实习、实践体验类和社会模拟类。这与上一题中学生希望现阶段学校增加的社会实践项目的调查结果基本一致。

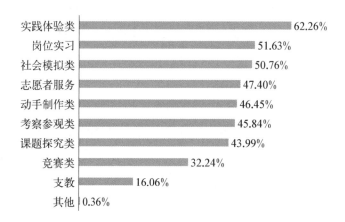

图 3‑19 初中生希望进入高中后参加社会实践活动的类型

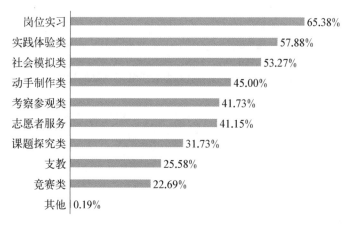

图 3‑20 高中生希望进入大学后参加社会实践活动的类型

从现阶段中学生参与社会实践的情况来看,学生参与职业体验类社会实践活动的机会相对较少。调查结果表明,初中生最希望增加的社会实践活动除了实践体验类以外,职业体验类也位居前列;高中生最希望增加的社会实践活动是职业体验类活动,进入大学之后,高中生最希望参与的是岗位实习。可见,无论是现阶段还是以后,职业体验类社会实践都是备受中学生青睐的,由此也反映出职业体验类社会实践活动出现了"供不应求"的现状。因此,学校可以与社区、企事业单位等联手,大力开拓职业体验类社会实践活动。

3. 中学生对于中学大学社会实践一体化的需求

由图 3‑21、3‑22 可以看出,无论是初中生还是高中生,均有超过 80% 的学生愿意参加中学大学社会实践一体化项目,中学生对于参加中学大学社会实践一体化项目表现出了较为高涨的热情,都很渴望能与不同学段的学生一起参与社会实践活动,认为构建中学大学社会实践一体化课程能够增进中学与大学的联系与衔接,提升学生实践能力,拓宽学生眼界,实现资源的最大化利用,促进社会实践的系统化发展。

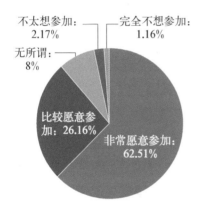

图 3‑21 初中生对于参与中学大学社会实践一体化项目的意愿

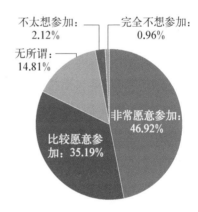

图 3‑22 高中生对于参与中学大学社会实践一体化项目的意愿

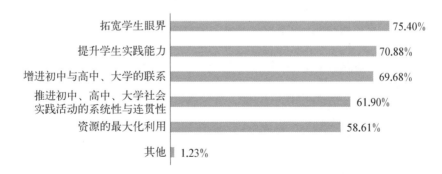

图 3‑23 初中生认为构建中学大学社会实践一体化的益处

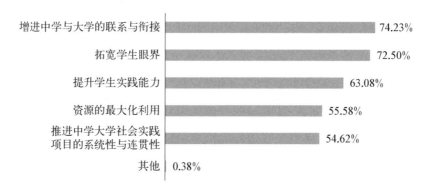

增进中学与大学的联系与衔接　　74.23%
拓宽学生眼界　　72.50%
提升学生实践能力　　63.08%
资源的最大化利用　　55.58%
推进中学大学社会实践
项目的系统性与连贯性　　54.62%
其他　0.38%

图 3－24　高中生认为构建中学大学社会实践一体化的益处

如图 3－23、3－24 所示,对于问卷中所列出的构建中学大学社会实践一体化项目的益处,中学生都较为认同。其中,初中生认为构建中学大学社会实践一体化项目最大的益处是拓宽眼界,而高中生认为最大的益处是能够增进中学与大学的联系与衔接。

(二)社会实践与生涯教育缺乏一致性

如图 3－25、3－26 所示,就具体的社会实践一体化项目而言,每一项都有一定比例的学生选择,初中生与高中生的需求也较为一致,依次为参观大学或大学博物馆、做大型赛事志愿者、主题教育活动和开展课题研究等。

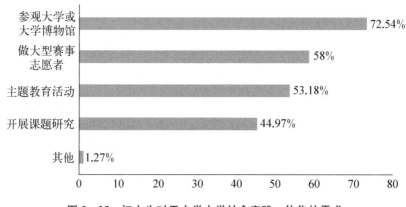

参观大学或
大学博物馆　　72.54%
做大型赛事
志愿者　　58%
主题教育活动　　53.18%
开展课题研究　44.97%
其他　1.27%

0　10　20　30　40　50　60　70　80

图 3－25　初中生对于中学大学社会实践一体化的需求

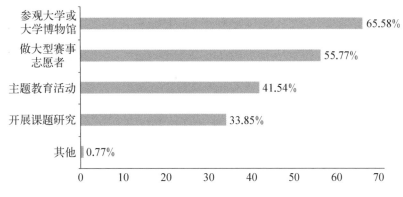

图 3‑26　高中生对于中学大学社会实践一体化的需求

图 3‑27、3‑28 是根据初中生和高中生最想参加的一项社会实践项目的调查结果所绘制的词云图。这两张图可以清晰地反映出，初中生与高中生的结果较为一致。其中，初中生和高中生对于志愿活动（公益劳动）类、职业体验类、参观考察类等社会实践项目的兴趣较为浓厚。

图 3‑27　初中生最想参加的一项社会实践项目词云图

图 3‑28　高中生最想参加的一项社会实践项目词云图

然而,从图3-1、3-2中可以看出,在中学生实际参加的社会实践活动的类型中,参与职业体验类社会实践活动的学生是最少的,这说明职业体验类社会实践无法满足中学生的需求,社会实践与生涯教育缺乏一致性。

(三) 社会实践项目发布渠道少,评价方式单一化

尽管中学生对于初高中社会实践的认可程度总体较高,但是对于社会实践项目的优化仍抱有较大的期待。由图3-29、3-30可以看出,对于初中生和高中生而言,社会实践活动中共同存在的问题包括:活动数量与种类过少、活动发布渠道单一等。而两个学段的区别在于:一是初中社会实践活动最大的问题是社会实践场地匮乏,而高中则在这方面有所改善;二是有

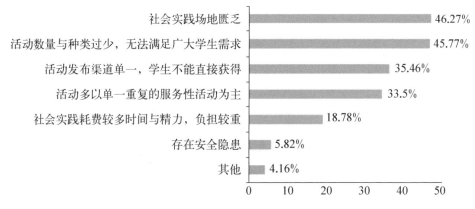

图3-29 初中社会实践活动存在的问题

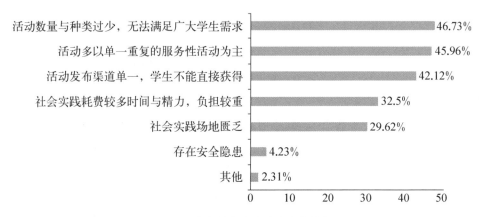

图3-30 高中社会实践活动存在的问题

45.96％的高中生认为现阶段的社会实践活动多为单一重复的服务性活动,而初中生选择此选项的人数则少了近10％。可见,随着学段逐步升高,高中生不再满足简单重复的服务性活动,而是更注重自身综合素养的提升,希望在社会实践中丰富知识,锻炼素质,增长才干。

如图3-31、3-32所示,每种评价方式都有一定数量的学生选择,可见学生希望社会实践的评价方式能够更为多样化,以便能更全面地认识自己,发现自身的价值,提升自身的综合素养。虽然60.38％的高中生认可传统的根据完成学时数进行评价的方式,但也有超过一半的初中生和高中生希望获

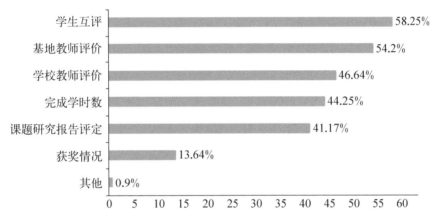

图3-31　初中生希望评价社会实践成效的方式

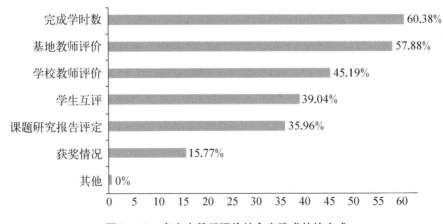

图3-32　高中生希望评价社会实践成效的方式

得基地教师的评价。相比于学校教师,基地教师更能直接了解学生在社会实践中的情况,并对学生作出更为客观全面的评价。就两个学段相比较,初中生更多地希望通过学生互评来评定社会实践的成效,而选择"完成学时数"的初中生则明显少于高中生。此外,希望通过课题研究报告评定社会实践成效的中学生也占有一定的比例。

第四章　社会实践一体化课程及其运行机制

第三章主要通过多种方式从学生角度了解中学生对于社会实践课程的实际需求,为中学大学社会实践的衔接提供依据。本章根据目前了解到的学校在开展社会实践中存在的主要问题,着重寻找中学大学社会实践衔接的可能方案,探索出将社会实践要素整合课程化、学段贯通一体化的实施路径,达到资源利用最大化、育人成效最优化;结合对中学生社会实践活动的观察和动态调整,根据不同学段学生的认知特点和规律,多措并举,整合多维资源,对社会实践项目及资源进行不断丰富和优化,以各学段社会实践的诸多要素整合为突破口,贯彻落实一脉相承的德育培养目标及培养任务,切实提升社会实践的育人实效,初步形成中学大学社会实践一体化课程方案;立足实际,深化发展中学大学社会实践一体化课程,从而优化提升,构建中学大学社会实践一体化课程运行机制。

一、整体架构,形成中学大学社会实践一体化课程方案

(一)细化中学大学社会实践一体化课程目标

1. 一体化学生培养

根据当代初中生、高中生的身心成长规律与实际需求,分年级、分目标开展社会实践一体化课程,让社会实践课程更具系统性、科学性和艺术性。

(1)初中:聚焦"参与性"与"趣味性"

结合初中生特点,提升社会实践的趣味性,激发学生参与社会实践一体化课程的积极性;加深有积极意义的价值体验,增强服务意识,初步形成对自

45

我、学校、社区负责任的态度和社会公德意识;学会运用科学方法开展研究,培养实践创新意识和审美意识,提高创意实践能力。

(2)高一年级:聚焦"体验性"与"实践性"

结合高一起始年级学生特点,引导学生积极参与社会实践一体化课程,提高实践能力,体会参与社会实践的意义,促进学生认识自我、规划人生、挖掘潜能,激发学生对学校文化的认同感,促进学生思想政治素质的提高,激发学生的爱国荣校精神和敬业乐学精神。

(3)高二年级:聚焦"探究性"与"思辨性"

结合高二承前启后年级学生特点,引导学生认识到课堂教学中自身知识、能力结构的短板;参与综合探究,提高思辨能力,实现学生知识与能力、课堂与社会、践行与智慧的有机结合;培养学生责任使命意识和开拓创新精神。

(4)高三年级:聚焦"综合性"与"社会性"

结合高三毕业年级学生特点,进一步搭建与高校沟通交流的桥梁,促进学生的社会化进程,全面提升综合素养,激励高三学生勤劳笃行、乐于奉献、勇于担当,培养学生努力前行的进取精神,拓宽学生合作开放的人文视野。

2. 导师制教师发展

教师是学生社会实践的指导者与协作者,要激励全体教师增强全员育人的理念,树立科学的育人观,全面提升教师"学高为师,身正为范"的新形象,实现教师"教书"与"育人"的统一。

在指导过程中,教师要进一步提升自身的人文素养与专业素养,提高终身学习的意识。学校可通过多样化教师专业发展平台,打造一支能积极践行学校"课程·课堂·践行"改革及引领学生个性发展的教师队伍。

通过与高校教师共同指导学生,教师增进了与高校教师的沟通,开阔了视野,提升了队伍整体水平。

3. 品牌学校共建

形成中学与大学社会实践"纵向衔接、横向贯通、分层递进、螺旋上升"的格局,系统化提升实践育人的内涵与品质,推动中学大学社会实践一体化课程的长效常态发展,有效落实大中小幼德育一体化。

秉承"全员、全过程、全方位"的"三全育人"理念,进一步加大与各级各类中学和大学的合作力度、广度与深度,建立长效合作机制,实现教育资源利用的效益最大化;构建"大思政课"育人格局,深化教育品质,提升优质教育品牌质量,促进高质量发展。

(二)构建中学大学社会实践一体化课程序列

在各学段社会实践的基础上,通过查阅大量文献和政策文件,结合实际情况,课题组进一步梳理社会实践项目与资源,形成"五大类别、两大板块、线上线下结合"的中学大学社会实践一体化课程序列。

五大类别包括以下五个类别。一是社会考察类,如考察博物馆、图书馆、科技馆、爱国主义教育基地、大学,参观走访海内外友好学校等。二是志愿服务(公益劳动)类,如担任场馆及社区志愿者、大型赛事志愿者等。三是职业体验类,如在各类企事业单位挂职锻炼等。四是文化交融类,如校园文化交流展示、学生主题论坛等。五是综合探究类,如课题研究、文化践行、"云"实践等。两大板块指的是校内、校外两大社会实践资源。此外,除了组织学生实地参与线下的社会实践外,疫情期间,学校开展"云"实践活动,采用线上线下相结合的方式,打破时间与空间的限制,解决居家学习期间学生无法开展线下社会实践的困局,丰富并创新社会实践的资源与形式,延展社会实践边界,实现教育资源利用的效益最大化,有效确保社会实践长效、科学开展。除了大量的社会资源,还可充分利用国家中小学智慧教育平台、市区各类平台及资源库。

表 4-1 中学大学社会实践一体化项目及资源分配表

类 别	项目及资源	参 与 学 校	涉及学段
社会考察类	香港友好学校交流	上海市复旦中学、香港香岛中学	初中、高中
	台湾友好学校交流	上海市复旦中学、台湾桃园县复旦高级中学	初中、高中

国际视野下的学生社会实践及其一体化研究

续　表

类　　别	项目及资源	参　与　学　校	涉及学段
社会考察类	澳大利亚友好学校交流	上海市复旦中学、澳大利亚 Korowa Anglican Girl's School	初中、高中
	"文博研学"复旦大学践行	复旦大学、上海市复旦中学	大学、高中
志愿服务(公益劳动)类	上海国际马拉松赛事(半程马拉松、少儿迷你马拉松、马拉松精英跑)志愿者	复旦大学、东华大学、华东政法大学等高校,上海市复旦中学	大学、高中
	上海国际青少年科技博览会志愿者	多个国家(地区)参赛队伍、部分高校、上海市复旦中学、部分高中	初中、高中、大学
	爱心暑托班	部分高校、上海市复旦中学	大学、高中、小学
	"火柴EDU"公益项目	部分高校、上海市复旦中学	大学、高中
	青春践行公益 志愿你我同行——长宁"星青年"说志愿经历分享会	长宁区青年志愿者协会、上海市复旦中学、上海市延安中学、上海市西郊学校	高中
	上海电影博物馆	部分高校、上海市复旦中学	大学、高中
	校园开放日志愿者(华山路校区、淞虹路校区)	上海市复旦中学、部分初中	高中、初中
	复旦"初心"宣讲团	复旦大学、上海市复旦中学、上海市复旦初级中学、上海市姚连生中学、上海市长宁区复旦小学,以及其他校外参观教师、学生和家长等	大学、高中、初中、小学
职业体验类	复旦大学医学院交流学习	复旦大学、上海市复旦中学	大学、高中
	高中生骨干训练营暨暑期社会实践活动(挂职锻炼)	部分高校、上海市复旦中学、长宁区其他高中	大学、高中
	天山中医医院职业体验	上海市复旦中学、长宁区其他高中	高中
	临空园区职业体验(上影虹桥临空国际影城、虹桥国际会议中心)	部分高校、上海市复旦中学	大学、高中
	生涯、学涯规划讲座	部分高校、上海市复旦中学	大学、高中

48

续　表

类　别	项目及资源	参　与　学　校	涉及学段
文化交融类	校庆文化节之社团嘉年华	上海市复旦中学、复旦大学附属中学、上海市复旦初级中学、上海市长宁区复旦小学	高中、初中、小学
	校庆文化节之"雏凤清音"创作比赛	上海市复旦中学、上海市复旦初级中学、上海市长宁区复旦小学	高中、初中、小学
	学生主题论坛/夏令营	上海市复旦中学、复旦大学附属中学、上海市复旦初级中学、上海市长宁区复旦小学	高中、初中、小学
	社团活动	复旦大学、上海市复旦中学	大学、高中
综合探究类	"文博研学"川渝线践行	复旦大学新闻学院、上海市复旦中学	大学、高中
	"激扬百年钟声　弘扬五四精神——重温百年五四第一钟声"主题纪念活动	复旦大学、上海市复旦中学、上海市复旦初级中学	大学、高中、初中
	"YOUNG POWER"海峡两岸青年领袖营活动	复旦大学、复旦大学附属中学、重庆复旦中学、上海市复兴高级中学、上海市复旦中学、台湾桃园县复旦高级中学、息烽县乌江复旦学校	大学、高中
	新闻课程	复旦大学、上海市复旦中学	大学、高中
	复旦"云"实践	上海市复旦中学、上海市复旦初级中学、上海市长宁区复旦小学	高中、初中、小学
	复旦党团课程	复旦大学、华东师范大学、其他高校、上海市复旦中学	大学、高中
	课题研究("进馆有益"微课题实践探究活动、创新大赛、社会实践项目大赛、国家级科技竞赛等)	复旦大学、上海市复旦中学	大学、高中

（三）规划中学大学社会实践一体化课程设置与课时安排

课题组以培养学生综合素质为导向,结合学校自身特色与实际情况,根据年级特点和学生培养目标,分学段细化中学大学社会实践一体化学生培养目标,设置初高中贯通的、一脉相承的育人目标。学校开发中学大学社会实践一体化课程,合理设置针对高一、高二、高三三个年级的社会实践一体化课程和相应课时安排,包含了每学年第一学期、第二学期以及寒暑假的各项社会实践,确保社会实践一体化课程系统化、可持续推进。

表4-2 高一年级社会实践一体化课程设置与课时安排

课　程	开展时间	时　长	备　注
"文博研学"复旦大学践行	高一新入学暑假	1天	
青春践行公益 志愿你我同行——长宁"星青年"说志愿经历分享会	第一学期	1小时	
校园开放日志愿者(华山路校区、淞虹路校区)	第二学期	1天	
校庆文化节之社团嘉年华	第二学期	不定	
校庆文化节之"雏凤清音"创作比赛	第二学期	不定	
学生主题论坛/夏令营	第二学期	待定	团委学生会骨干
生涯、学涯规划讲座	第一学期、第二学期	约1小时	
社团活动	第一学期、第二学期	每周1课时	
新闻课程	第一学期、第二学期	不定	
上海国际马拉松赛事(半程马拉松、少儿迷你马拉松、马拉松精英跑)志愿者	第一学期、第二学期	半天至1天	
复旦"云"实践	第一学期、第二学期	不定	
复旦党团课程	第一学期、第二学期	不定	校级党章学习小组与区级共产主义学校学员

续　表

课　　程	开展时间	时　长	备　注
课题研究("进馆有益"微课题实践探究活动、创新大赛、社会实践项目大赛、国家级科技竞赛等)	第一学期、第二学期、寒假、暑假	不定	
"火柴EDU"公益项目	寒假	5天	
上海国际青少年科技博览会志愿者	暑假	5天	
爱心暑托班	暑假	5天	
高中生骨干训练营暨暑期社会实践活动(挂职锻炼)	暑假	2周	
上海电影博物馆	寒假、暑假	5天	
天山中医医院职业体验	寒假、暑假	5天	
临空园区职业体验(上影虹桥临空国际影城、虹桥国际会议中心)	寒假、暑假	5天	

表 4-3　高二年级社会实践一体化课程设置与课时安排

课　　程	开展时间	时　长	备　注
青春践行公益　志愿你我同行——长宁"星青年"说志愿经历分享会	第一学期	1小时	
复旦大学医学院交流学习	第一学期	1天	
校园开放日志愿者(华山路校区、淞虹路校区)	第二学期	1天	
校庆文化节之社团嘉年华	第二学期	不定	
校庆文化节之"雏凤清音"创作比赛	第二学期	不定	
学生主题论坛/夏令营	第二学期	不定	团委学生会骨干
新闻课程	第一学期、第二学期	不定	
复旦"云"实践	第一学期、第二学期	不定	

续　表

课　程	开展时间	时　长	备　注
复旦党团课程	第一学期、第二学期	不定	校级党章学习小组与区级共产主义学校学员
复旦"初心"宣讲团	第一学期、第二学期	不定	
生涯、学涯规划讲座	第一学期、第二学期	约1小时	
社团活动	第一学期、第二学期	每周1课时	
上海国际马拉松赛事(半程马拉松、少儿迷你马拉松、马拉松精英跑)志愿者	第一学期、第二学期	半天至1天	
课题研究("进馆有益"微课题实践探究活动、创新大赛、社会实践项目大赛、国家级科技竞赛等)	第一学期、第二学期、寒假、暑假	不定	
"火柴EDU"公益项目	寒假	5天	
"文博研学"践行活动	暑假	约10天	年级中品学兼优的学生
"YOUNG POWER"海峡两岸青年领袖营活动	暑假	约10天	优秀学生干部
香港友好学校交流	暑假	约6天	年级中品学兼优的学生
台湾友好学校交流	暑假	约6天	年级中品学兼优的学生
澳大利亚友好学校交流	暑假	约10天	
上海国际青少年科技博览会志愿者	暑假	5天	
爱心暑托班	暑假	5天	
上海电影博物馆	寒假、暑假	5天	
天山中医医院职业体验	寒假、暑假	5天	
临空园区职业体验(上影虹桥临空国际影城、虹桥国际会议中心)	寒假、暑假	5天	

表 4 - 4　高三年级社会实践一体化课程设置与课时安排

课　程	开展时间	时　长	备　注
校园开放日志愿者（华山路校区、淞虹路校区）	第二学期	半天	
学生主题论坛/夏令营	第二学期	待定	团委学生会骨干
"激扬百年钟声　弘扬五四精神——重温百年五四第一钟声"主题纪念活动	第二学期	半天	
复旦"云"实践	第一学期、第二学期	不定	
复旦"初心"宣讲团	第一学期、第二学期	不定	
生涯、学涯规划讲座	第一学期、第二学期	约1小时	
复旦党团课程	第一学期、第二学期	不定	校级党章学习小组与区级共产主义学校学员
课题研究（"进馆有益"微课题实践探究活动、创新大赛、社会实践项目大赛、国家级科技竞赛等）	第一学期、第二学期、寒假	不定	

（四）形成科学全面的社会实践一体化课程评价

课题组主要从评价内容、评价方式、学时认定、学生展示等方面进行研究，形成科学全面的中学大学社会实践一体化课程评价机制。

1. 评价内容

（1）社会实践活动表现

① 学生参与状况、参与意识、社会责任感、服务社会的态度与精神。② 学生在活动中的体验、表现、感悟的情况，知识的应用程度。③ 学生在活动过程中的创新精神和实践能力提升情况，在活动中个性施展和才能发挥的程度。

（2）社会实践成果

① 论文或研究报告。② 参赛情况，如"进馆有益"微论文比赛、科创大赛、社会实践项目大赛等。

2. 评价方式

本课程评价主体多元、评价标准多元、评价内容与方式多元，避免教师评价唯一、终极结果唯一的现象；提倡协调研讨式评价，即教师和学生共同评价的方式和标准，并根据协商的结果进行评价。

第一，自评和互评相结合。以学生自我评价为主，注重学生通过反思评价自我调整、自我改进；鼓励学生主动对自己和他人的活动经历做出评价并和他人讨论所开展的活动。

第二，日常观察与成果展示相结合。为每一个学生设置社会实践"活动档案袋"，在教师指导下，学生自己整理、存放，以便深入了解，肯定自己的能力，并能与他人分享探索的成果、体会以及进步的喜悦。"活动档案袋"利用数字化手段实现从纸质到电子化的转变。

第三，教师评价与实践基地评价相结合。在适当时候以适当方式让家长和社会相关方面参与评价，使他们更多、更全面地了解孩子和社会实践活动课程，既有利于拓展课程资源，又有利于学生的全面发展。

学生评价的具体操作方式有自我阐述、交流讨论、观察记录、档案袋、成长评语、成果展示、调查问卷、实际操作等。评价结果可作为各级各类评优的重要依据，如"全国最美少年"，市级"美德少年"，区级"三好学生""优秀学生干部"，校级"优秀团干部""优秀学生干部""优秀团员""三好学生""优秀志愿者"等。

此外，及时总结经验，能更好地发挥评价的导向性作用，以促进社会实践课程健康有序地开展，并不断提高课程的教育教学水平。

3. 学时认定

社会实践活动的学时认定应该包括学生互评，班主任或指导教师考核，学校教务、德育部门审核等程序，并建立公示制度、抽查或回访验证制度，防止弄虚作假。市教委要求高中三年完成 60 学时。

学生参加学校统一组织的社会实践活动,会有相关部门的统一认定;参加社会实践和社区服务的活动,需要实践单位或社区服务接受单位负责人在博雅网提前登记活动项目内容、时间、地点、岗位职责、联系方式等,学校后台审核通过并导入名单。学生需要按时、全程参与相关活动,单位做好相应的考勤工作。此外,学生在参与社会实践活动过程中,还需要对活动内容进行记录、保存,在单位允许的情况下拍摄活动照片,写自己参加活动的感想、体会或小结等,并在活动结束后向学校提交相应的材料。

4. 学生展示

学校利用开学典礼、结业式、校会课、德育学子讲堂、升旗仪式等教育途径,开展社会实践活动及课题成果展示;定期举行复旦大中小社会实践一体化展示活动,参与的学校包括复旦大学、复旦大学附属中学、上海市复旦初级中学、上海市长宁区复旦小学等,增进学校间的沟通与交流,促进社会实践活动的一体化发展;在复旦系列奖学金中专门设置"张明为励志奖助学金",用于奖励在"文博研学"践行活动中撰写优秀课题成果的学生。

二、立足实际,深化发展中学大学社会实践一体化课程

学校借助自身优势,依托复旦大学的引领,联合复旦中学基础教育集团,积极开拓社会实践项目及资源,实现中学大学社会实践课程的"纵向衔接、横向贯通、分层递进、螺旋上升",打造复旦优质教育品牌。

(一)强化集团联动,推进社会实践一体化课程的纵向衔接

纵向衔接是指实现社会实践课程在初中、高中、大学三个学段之间的衔接。上海市复旦中学与复旦大学同根同源、血脉相连,因此在推进构建中学大学社会实践一体化项目的过程中,学校有着得天独厚的优势。如2019年5月6日,复旦大学、上海市复旦中学、上海市复旦初级中学的师生们共同举行"激扬百年钟声 弘扬五四精神——重温百年五四第一钟声"主题纪念活动,宣读《复旦大中小德育一体化倡议书》;复旦大学新闻学院"三全育人"复旦中学基地正式揭牌,由此进一步推进大中小学德育一体化大格局的构建,进一步推进立德树人系统工程的建设。

案例一： 星星之火 可以燎原——复旦人与"上海五四第一钟"

2019年是五四运动一百周年,2021年是建党百年,2022年是建团百年。习近平总书记在纪念五四运动100周年大会上的重要讲话中指出,新时代中国青年要继续发扬五四精神,以实现中华民族伟大复兴为己任,不辜负党的期望、人民期待、民族重托,不辜负我们这个伟大时代。师生讲述复旦校园历史及创校先贤邵力子先生的生平经历,追忆五四运动的发展过程,感受五四时期思想观念的变革对中国革命的重要影响;厘清五四运动与中国共产党成立的关系,感悟中国共产党人革命理想的坚定与坚守。通过情景剧的表演,学生们生活化地展现爱国者们的精神情怀和崇高境界,在相同的空间感悟一百多年前激情燃烧的岁月;通过主题升旗仪式和学子讲堂,学生们将之前各个环节学习到的相关党史、校史知识以及复旦红色文化以丰富多彩的形式展现出来,校园里洋溢着浓烈的爱国主义氛围。

实践过程包括组织学生阅读《博雅颂》《寻梦复旦园》《复旦志》等与学校相关的校史著作;指导学生参与编写红色读物,采用较为活泼生动的呈现方式;以五四运动和上海"五四第一钟"为主线,组织学生开展主题为"庆祝建党百年 致敬复旦先贤"的升旗仪式;组织学生集体观摩"重温百年五四第一钟声"主题纪念活动等。2019年5月6日8点30分,上海市复旦中学校园内的"五四上海第一钟"再次敲响,复旦大学和上海市复旦中学的师生们共同举行主题纪念活动。

复旦的历史和文化本就由复旦这一品牌下的各个学校共同传承,学校通过集体观摩活动,凝聚共识,培养学生对复旦的热爱之情,让学生感悟复旦人曾经为祖国的发展和建设作出的突出贡献。上海市复旦中学与复旦大学哲学学院共建的长宁区复旦中学哲学教育基地于2021年2月24日正式签约挂牌,这标志着大学中学合作共同探索一体化人才培养机制迈出重要一步。2021年7月11日,由复旦大学哲学学院主办、上海市复旦中学承办的"第三届复旦大学中学生暑期哲学课堂"作为哲学教育基地的阶段性成果在复旦大学开幕。

复旦中学基础教育集团作为长宁区唯一一个纵向衔接的教育集团,包括上海市复旦中学、上海市复旦初级中学和上海市长宁区复旦小学。在复旦大学的大力支持下,复旦中学基础教育集团形成以上海市复旦中学为领衔的"小、初、高"集团化办学模式。因此,复旦中学基础教育集团也是推进构建中学大学社会实践一体化课程的重要平台,有利于实现社会实践课程的纵向衔接。如学校开辟复旦"初心"宣讲团,以长宁区爱国主义教育基地上海市复旦中学"马相伯纪念馆"为主要讲解场馆,以复旦小初高师生为主要讲解志愿者,深化复旦人对复旦的光辉历史、发展历程和文化基因的认识与理解,激发复旦人对复旦品牌的认同感和自豪感,实现复旦文化的传承与弘扬。学校还组织学生参与爱心暑托班,为包括上海市长宁区复旦小学在内的小学生们开展丰富多彩的活动,建立情感联结。此外,高中师生参与初中少先队代表大会和毕业典礼,初中师生参与高中校级党章学习小组活动,这充分体现了复旦初高中在各种实践活动中的联动效应。课题组借助复旦中学基础教育集团的内部生源、师资力量和教育品牌的优势,以社会实践课程为重要抓手,通过紧密合作、相互支撑,打通小初高社会实践一体化的育人通道,实现"共融、共生、共长"的集团发展大格局。

案例二：厚植家国情怀 培育红色传人——上海市复旦中学马相伯纪念馆实践育人

上海市复旦中学马相伯纪念馆,向世人全景地展示了一位中国近代伟人,一位宗教家、政治家、教育家,复旦奠基人马相伯的生平事迹及与之关联的重要人物和史实。2021 年 9 月,上海市复旦中学马相伯纪念馆被评为上海市长宁区爱国主义教育基地。作为上海市复旦中学独特的场馆资源,马相伯纪念馆是传承学校红色基因的重要阵地,是用好红色资源、赓续红色血脉的实体空间。

为了让学生通过亲身体验传承学校红色基因,学校组建复旦"初心"宣讲团,团队成员有教师,也有学生。学校定期为学生志愿者开展培训,通过宣讲或实地模拟讲解的方式,让学生更好地讲党史、讲校史,真正成为红色文化的宣讲者和传播者。学校不仅组织上海市复旦中学的师生担任复旦宣讲员,还联合复旦中学基础教育集团的上海市长宁区复旦小学、上海市复旦初级中学师生,开展范围更广的宣讲员学习课程。教师鼓励学生演绎红色故事,感受创校先贤和英烈的英雄事迹,增强教育学习的感染力,提升红色宣讲的实效性。

此外,学校还定期为学生志愿者开展培训。例如,由史地组邬晓敏老师为上海市复旦中学校级党章学习小组成员与上海市复旦初级中学、上海市长宁区复旦小学的学生代表开展马相伯纪念馆讲解志愿者的培训。培训中,邬老师为大家介绍了马相伯先生的生平,并通过与学生们的提问互动,介绍讲解员的意义、规范礼仪以及讲解技巧等;通过 VR 影像全景展示了马相伯纪念馆中的场景和展品;通过培训渗透校史文化,志愿者们深刻领悟马相伯先生无私奉献、坚韧不拔的精神。"初心"讲解志愿者不仅仅是一项志愿服务活动,更是复旦文化的传承,复旦一代又一代青年人接过接力棒,秉承着"团结、服务、牺牲"的复旦精神,讲好校史故事,传承红色基因。作为一名优秀的讲解志愿者,应当具备良好的综合素养,对馆内的展品了解透彻,并具有良好的语言表达能力,善于沟通交流,随机应变。在邬老师亲身示范与指导下,东西校区跃跃欲试的几名学生出色地完成了模拟讲解。由此,学生们深刻体会到了讲解志愿者的不易,对未来的讲解工作充满期待。

(二)弘扬复旦品牌,推进社会实践一体化课程的横向贯通

除了通过与社区、企事业单位、公共场馆等社会实践基地的沟通与合作,实现学校与社会的贯通,学校也积极推进社会实践在同学段不同学校之间的横向贯通。在复旦大学牵头下,上海市复旦中学与复旦大学附属中学、重庆复旦中学、上海市复兴高级中学、台湾桃园县复旦高级中学、息烽县乌江复旦学校等结成复旦基础教育联盟,建立交流平台,共享教育资源,弘扬复旦品牌,传承复旦教育理念,传播复旦文化,进一步推动了社会实践课程的横向贯通。

在复旦基础教育联盟的引领下,各学校轮流、定期举办"YOUNG POWER"海峡两岸青年领袖营活动,通过考察参观、交流互访、商业挑战赛等形式,提高复旦学子的领袖能力与实践探索能力,感悟复旦文化,开阔视野胸襟,彰显复旦深厚的人文精神,增进两岸青年学生的情感交融。每年暑假,上海市复旦中学选拔优秀学生前往重庆复旦中学、台湾桃园县复旦高级中

学、香港香岛中学等进行交流互访,溯本求源。此外,复旦学子走出国门,前往澳大利亚等国家参观当地的中学、高校以及地标性文化场馆,深入了解不同地域与国家、不同学校的教育理念和文化差异,培育学生探索与发现的志趣。

学校从2011年起开展"文博研学"践行活动,学生在复旦大学教授和学校教师的指导下,走出校园,进行社会历史文化探源和社会文化现象探究。至今,复旦师生的研学足迹遍布上海、西安、洛阳、北京、井冈山、重庆等地。此外,在前往台湾、香港等地,以及新加坡、澳大利亚等国家进行友好学校交流时,学生也需完成课题研究报告,这不仅提升学生的创新思维、调查研究能力、思维思辨能力和实践体验经历,还引导学生实现知识与能力、课堂与社会、践行与智慧的有机结合,提升学生的综合素养。

案例三:　研学求真　逐梦光华——"文博研学"践行活动

"文博研学"践行活动是上海市复旦中学社会实践一体化项目的重要组成部分。学校自2011年起开展"文博研学"践行活动,学生在复旦大学教师和学校教师的指导下,走出校园探寻社会历史文化,并开展课题研究。至今,复旦师生的研学足迹遍布上海、西安、洛阳、北京、井冈山、重庆、台湾、香港等地。

在德育一体化背景下,根据学生需求,学校在罗列了市内适合学生进行研学活动的场馆后,进行归类挑选,进而形成"法治篇""科技篇""历史篇"三大主题研学活动。主题研学活动,纵向方面有复旦大学引领,横向方面有长宁区友好单位支持,给复旦学子提供了学习和实践的平台,帮助复旦学子了解法治思想、科技前沿以及党史文化。主题研学活动穿插着小组同学之间的交流互动、与复旦学长的沟通访谈以及专业人士的答疑解惑,能够更有针对性地适应学生不同的研究方向,给学生更多的选择空间。在互动环节,学生分享所看所想,营造开放自由的研讨氛围;学校与场馆合作,进一步优化学生研学路线与行程。在相关专业人士、学校教师以及复旦学长的指导下,学生积极参与实践活动并进行研究性学习。研学活动结束后,小组成员按拟定的研究计划进行素材搜集以及研究报告的撰写,并制作相关微信推文,分享活动心得。

针对学生的不同需求和研究方向,主题研学活动为学生提供丰富的场馆资源和线上资源,能更有效地贯彻落实综合素质评价,促进学生全面发展,系统化提升实践育人的内涵与品质,这也为学校后续的"文博研学"践行活动提供了新思路。在地方性资源的开发上更深层次地挖掘,能进一步推动学校"文博研学"形式的多样化和社会实践活动的长效发展。

(三)线上线下结合,推进社会实践一体化课程的长效发展

疫情期间,学生无法前往实地参与线下社会实践活动,因此,学校推出了"云"实践活动,让师生足不出户便可在云端开展社会实践。"云"实践是学校社会实践课程的组成部分之一,学校搜集并梳理了各类社会实践基地的线上资源提供给师生,主要分为三个篇章。(1)爱国篇:精选上海市内的红色场馆,引导学生坚定理想信念,厚植爱国情怀,培养奋斗精神。(2)历史篇:精选国内著名的历史博物馆,激励学生欣赏文化瑰宝,感受千年历史,传承悠久文化。(3)科技篇:搜罗科技、自然、医学、航海等多方面的展馆,助力学生求实创新,遨游知识海洋,探索科技奥秘,开阔眼界见识,提升科学素养。

上述三个篇章的内容都制作成了推文在学校的微信公众号中发布,便于师生自主选择场馆开展"云"实践,也便于线上资源的长效、可持续应用,亦可供其他学校参考使用。此外,学校还录制了天宫课堂的视频提供给师生,以供师生自主观摩与实践。

表4-5　上海市复旦中学"云实践"课程资源

	爱国篇	历史篇	科技篇
场馆	上海宋庆龄故居纪念馆 钱学森图书馆 中共一大会址 陈云纪念馆 李白烈士故居 上海鲁迅纪念馆 上海四行仓库抗战纪念馆 上海孙中山故居纪念馆 上海韬奋纪念馆 龙华烈士陵园	故宫博物院 中国国家博物馆 上海博物馆 上海市历史博物馆 奉贤博物馆 河南博物院 陕西历史博物馆 南京博物院 浙江省博物馆 山西博物院 湖南博物院	上海科技馆 上海世博会博物馆 上海气象博物馆 上海汽车博物馆 上海纺织博物馆 上海中国航海博物馆 上海自然博物馆 上海中医药博物馆 上海电影博物馆 上海市禁毒科普教育馆

在校团委和班主任的指导下,各班级团支部以学生为主体,利用班会课时间,结合线上资源,通过班级钉钉群,以主题团日活动的形式开展"云"实践,这既给予了社会实践和团支部政治学习时间和空间上的保障,也能增加仪式感,激发学生的主观能动性,发挥团员的示范引领作用。由此,也推进了社会实践课程的长效发展。

案例四: 云相聚 乐实践 促成长——复旦学子"云"实践

从2014年起,社会实践就被列为学生综合素质评价内容,参与社会实践已经成为学生的必修课。然而,在居家学习期间,学生无法外出开展社会实践,"云"实践便迎来了高光时刻。"云"实践是上海市复旦中学社会实践课程的组成部分,学校精选各类线上社会实践资源提供给师生,由学生结合相关资源,自主开展主题团日活动,让师生足不出户便可在云端开展社会实践。

学校搜集并梳理了各类社会实践基地的线上资源,包含爱国篇、历史篇、科技篇。为了便于学生自主开展"云"实践,学校将相关资源以微信推文、视频的形式提供给师生。各团支部通过班级钉钉群以主题团日活动的形式开展"云"实践,这既保证了活动开展的时间和空间,也营造了仪式感,激发学生的主观能动性,发挥团员的示范引领作用。为了促进"云"实践开展的规范性与长效性,校团委提前下发活动的操作流程与要求,德育处、团委教师以及年级组长进入各班的钉钉群进行观摩与点评。此外,学校公众号上也会发布相关推文进行活动的回顾与推广,遴选开展较好的团支部与学生感悟进行宣传与展示。

在开展"云"实践的过程中,要引导学生将"云"实践与"进馆有益"活动相结合。"进馆有益"活动是指学生走进本市的各种场馆和实践基地,在专家和学校教师的指导下,参与研究性学习。学校梳理了多元、多维、多平台的社会实践场馆资源,包含各类场馆与社会实践基地的微信公众号、官方网站、线上展馆、线上展览、VR全景、视频等多种形式资源,为学生开展课题研究提供了丰富、权威的参考素材。学生可以组建3人以内的小组,结合各类资源撰写研究性学习报告。在线下复学后,学校也鼓励学生们前往各场馆实地考察,将线上资源与线下资源有效整合。同时,每个研究小组还配备了校内教师进行课题指导。

案例五： 搭桥梁 种希望 传精神——接续·"宋庆龄班"

上海宋庆龄故居纪念馆作为市级爱国主义教育基地,历来重视社会教育功能的发挥,承担着对公众进行红色教育的职责。"宋庆龄班"是上海宋庆龄故居纪念馆未成年人教育活动的品牌项目,这项活动始于2005年,由上海宋庆龄故居纪念馆牵头,联合周边的上海市复旦中学、南洋模范中学、市二中学、市三女中、华东模范中学等13所中学,在学校推选一个"宋庆龄班"。创建"宋庆龄班"的目的在于整合纪念馆的教育资源与学校的德育教育,通过命名仪式和各类主题活动,帮助学生走近宋庆龄、了解宋庆龄、学习宋庆龄。

上海宋庆龄故居纪念馆是我校学生社会实践的重要基地之一。我校每一届都有一个班级被推选为"宋庆龄班",承担着上海宋庆龄故居纪念馆的各类志愿服务工作。"宋庆龄班"依托市级爱国主义教育基地和红色校园文化,将纪念馆社会教育与学校教育相衔接,开展一系列具有特色的主题教育活动,并向上海宋庆龄故居纪念馆输送优秀的学生志愿者,协助上海宋庆龄故居纪念馆更好地完成游客服务等相关工作。"宋庆龄班"在继承民族精神、弘扬民族文化、推进爱国主义教育等方面发挥着不可替代的重要作用。每年寒暑假,学校都会从"宋庆龄班"中选拔部分优秀学生来到上海宋庆龄故居纪念馆担任志愿者,学生们经过严格的招募、培训和考核,以小小讲解员的身份亲临现场体验宋庆龄女士的上海生活,用自身行动传承宋庆龄精神,将宋庆龄女士的品格与精神传播给社会大众。

学校积极开发了线上线下相结合的实践育人途径。在线下,学生可以参观上海宋庆龄故居纪念馆、宋庆龄陵园等场馆;在线上,学生可以开展"云"实践,通过微信公众号了解宋庆龄生平及故居的相关介绍(进入微信公众号"上海宋庆龄故居纪念馆"后点击"琼英留韵",有"微故事""微文物""微年代""微资讯"可供选择),下载配套影视资源,观看电视纪录片《宋庆龄》等。清明期间,在线下,教师组织学生们进行清明祭扫活动,缅怀中华人民共和国名誉主席宋庆龄女士和创校先贤、爱国老人马相伯先生,为学生进行一堂特殊的爱国主义教育课,引导学生缅怀革命先烈,铭记革命历史,激发爱国情感,激励学生将革命伟人的精神融入日常学习生活中,以青春之我,担时代之责;在线上,"宋庆龄班"组织清明云祭扫主题班会,抒发对爱国先贤的思念。

在教育数字化转型的大背景下,以"15分钟美好生活圈""3公里校外教育活动圈"为重点,拓展社会实践资源,进一步开发社会实践基地,梳理统整基地资源。学校教师自己开发低代码,登录长宁教育数字基座,形成专门的应用。一方面,方便师生使用,促进基地联动;另一方面,可通过数据分析精准地开展后续工作。

(四)辐射区域发展,推进社会实践一体化课程的交流互鉴

课题组深刻认识到区域发展与学校发展息息相关,因此,在深入贯彻社会实践一体化课程的同时,时刻关注区域发展,努力推进长宁区内初高中之间的交流互鉴。在构建中学大学社会实践一体化课程的背景下,学校创建平台进行社会实践成果展示与交流。2020年11月20日下午,在学校淞虹路校区报告厅与华山路校区演讲厅,两校区通过视频联动开展了"实践求真,逐梦光华——复旦大中小社会实践一体化展示暨'四史'学习教育进校园活动"。市、区各级领导与专家,复旦大学、复旦大学附属中学、上海市复旦初级中学、上海市长宁区复旦小学、长宁区兄弟学校的领导和教师,社会实践基地场馆的指导教师,学校家委会代表和家长代表莅临现场。各学段学生代表通过不同的形式进行课题展示,让我们看到了复旦不同学段的特色。本次社会实践展示活动为大家提供了交流学习的机会,使"三全育人"理念得到真正的落实,并辐射区域发展。

案例六：　爱心一夏　不负所"托"——高中生志愿者服务融入大中小一体化实践育人

2014年起,共青团上海市委员会等单位开办了上海市小学生"爱心暑托班",该项目是上海市政府实事项目之一,旨在缓解全市小学生暑期"看护难"问题,引导和帮助小学生度过一个安全、快乐、有意义的假期。

在社区青年中心的支持下,上海市复旦中学的高中生担任了为期两周的爱心暑托班志愿者。社区已有非常成熟的服务规范和程序,学生每天穿着统一的志愿者服装,在规定时间到岗,跟从大学生,学习如何引导家长签到、如

何有序安排学生晨检。在社区为暑托班小学生们准备的丰富多彩的课程中,高中生志愿者也全程随班。他们首先参与擅长或感兴趣的工作活动,体验劳动的乐趣和成就感;再从暑托班的"学习者"和"教育者"两个角度进行观察、记录和思考,提出志愿服务的标准,以及可以改进的方面。在每天活动后,志愿者团队需简要回顾当日流程,提出问题,在讨论中提出集体认可的解决方法。在志愿服务过程中,学生通过"轮岗"的方式,跟随大学生学习不同岗位的职责要求,更大范围地锻炼学生的沟通能力、协调能力。"爱心暑托班"创设了以劳动实践为特征的一体化育人场景,促进了高中生道德情感、道德行为的发展;促进了高中生学会正确处理个人与他人、个人与团队、个人与社会的关系,懂得责任与义务;促进了高中生学会通过实际行动解决问题,从而创造美好生活。此外,在"爱心暑托班"一体化实践育人的过程中,高中生有机会向大学生学习,得到大学生的帮助,开拓了解决问题的视角;大学生、高中生在观察、引导小学生的同时,启发了自身对不同年龄段特点的思考,从而促进躬身自问,不断反省。

三、优化提升,构建中学大学社会实践一体化课程运行机制

在任何一个系统中,机制都起着基础性的、根本性的作用。在理想状态下,良好的机制可以使一个社会系统接近于一个自适应系统。而良好的运行机制的建立对社会实践能够起到切实的保障功能。此外,机制具有操作性和技术性,机制的操作性原理以及规范性的指标体系能够有效指导不同阶段社会实践一体化项目的构建与优化。构筑覆盖初中、高中、大学三个重要学段的社会实践运行机制,通过社会实践资源的整合与分层设计,在各学段将社会实践作为一种经常性的教育环节持续开展,在活动时间、师资配备、校内外资源投入等方面予以观察和调整,能避免以往社会实践出现的随意性和同质化现象。

目前国内学术界对于社会实践及其一体化的运行机制研究的着眼点绝大部分落在大学这一学段,与初中、高中这两个学段的关联度非常有限,更少

涉及三个学段的联动与体系化。因此,坚持大中小幼德育一体化理念,根据初中、高中、大学不同学段学生的认知特点,加强对社会实践活动的梳理与整合,采用生动活泼、丰富多样的社会实践活动形式,实现中学大学社会实践项目在内容、资源、形式等方面的衔接与互补,有助于中学大学社会实践活动的科学合理开展、中学大学的有机衔接。

因此,聚焦构建中学大学社会实践一体化项目及其运行机制,能一定程度上弥补此领域研究的不足,这也是本研究的创新亮点之一。通过实践探索,基本形成"学校统筹、合作联动、全员协作"的运行机制,并根据实际情况不断优化完善,确保构建中学大学社会实践一体化课程的有序开展和长效发展,也为区域内其他学校提供一定参考,实现共同进步。

（一）注重学校统筹,完善组织管理机制

建立相应的管理运行机制,是规范并促进社会实践课程常态实施的关键。因此,学校要高度重视,加强组织领导,优化管理协调。第一,学校统筹规划,整体思考,将社会实践一体化课程实施纳入学校整体工作和重要议事日程,建立强有力的组织架构,确保此项工作在人员、管理、培训、实施等各方面落实到位,并长效抓好构建中学大学社会实践一体化课程各项任务的落实。第二,学校积极宣传、广泛发动,利用开学典礼、结业式、课题汇报会、德育团队会议等平台向师生进行宣传与动员,营造良好氛围,形成思想共识。第三,及时动态调整方案。学校全面考虑不同学段、不同类型学生的实践需求,形成中学大学社会实践一体化课程方案,合理规划实践活动的形式和内容,以增强活动的针对性;充分发挥社会实践活动的育人实效,以推动中学大学社会实践一体化课程的持续深入开展和长效发展。第四,在具体工作中,学校各部门各司其职,相互配合,齐抓共管,形成合力,以保证规划、动员、实施、考核、总结、交流等环节顺利有序开展;紧密关注过程中的亮点与瓶颈,定期指导并研讨课题相关工作,确保课题有序有效开展。

案例七：寻访红色足迹 赓续红色基因——记复旦西藏学子红色践行活动

上海市复旦中学从 2013 年招收第一届内地西藏班起,管理团队便开始了 365 天 24 小时的温情守候。为保证爱国主义教育在学校西藏班中的实际落地,同时丰富西藏学子的在沪生活,学校一般会在国庆节、抗日战争胜利纪念日、烈士纪念日、清明节和其他重要纪念日前后开展以"寻访红色足迹,赓续红色基因"为主题的践行活动,突出立德树人。

上海市复旦中学西藏班学子开展红色践行活动的频率采用"固定+机动"的方式。每年固定在7月1日开展上海市内的红色之旅一日践行,10月1日开展周边省市红色之旅三日践行;也会结合其他相关纪念日,如抗日战争胜利纪念日、烈士纪念日等开展红色践行活动。该活动不只是班主任或讲解员的"一家之言",还是学生交流互动的平台。活动能激发学生的思考,让学生真正地参与到红色践行活动中,让学生在爱国主义教育基地进行沉浸式的体验,通过深化交流感悟与体会,达到实践育人的实效。活动结束后,师生会制作微信推文,介绍活动开展情况,同时记录活动的成果。

西藏学子红色践行活动也成为上海市复旦中学民族教育工作的一项品牌活动,《让家国情怀在学生心里扎根——民族班爱国主义教育的实践探究》申报了内地西藏班、新疆班创新案例,学生也撰写了如《江浙革命根据地历史研究》《传承红色基因》等多个相关课题的研究性学习报告。

(二)注重合作联动,形成"纵横—联动"长效机制

在中学大学社会实践一体化课程稳步推进的过程中,"纵横—联动"机制形成。纵横指初中、高中、大学三个学段在社会实践课程上的纵向衔接,以及学校与社会、同学段不同学校在社会实践课程上的横向贯通,层层深化社会实践的内涵与意义。联动包括:第一,学校与各类大学、高中、初中、友好学校及社会实践基地联动,签订协议,制定合作方案,明确合作内容、合作策略、双方职责与要求等;第二,学校德育处、团委教师、班主任与对方学校或社会实践基地负责教师联动,落实具体社会实践课程,掌握学生实践情况;第三,学生与班主任、基地指导教师联动,及时沟通实践情况。

案例八: 认识自我 成就理想——"上海电影博物馆"实践育人

上海电影博物馆通过实物展品、影像资料展示和游戏互动的方式,让参观者切身感受电影事业对于上海和中国发展的重要作用。

在实践项目开始前,教师设计任务驱动型问题,让学生带着问题进入实践场馆,问题导向促使学生在社会实践的过程中主动观察、主动参与、主动服务。在安排社会实践岗位之前,班主任需对社会实践的场馆深入了解,以此探索从哪些方面将该社会实践场馆作为育人的工具,不仅仅局限于一两个方面。社会实践过程充分发挥学生的主观能动性,班主任需根据德育理念和学生的实际情况引导学生思考自己社会实践的价值需求,让学生根据自己的价值需求选择社会实践点。

上海电影博物馆中的志愿者不仅有高中生,还有大学生。中学生可以学习大学生的志愿服务精神以及开展工作的方式方法。在选择社会实践岗位的过程中,因为学生很少会从自己的兴趣、爱好或者成就目标出发,所以教师在学生选定社会实践岗位以后会给学生设置一些问题,这些问题的实质就是任务,就是为学生社会实践提供思考方向。开学后的班会,是学生交流碰撞收获的最好时机。教师可以通过班会课请学生总结、分享其社会实践的收获,为学生梳理自己的社会实践成果提供平台。

案例九: 依托职业体验 提升非认知能力——复旦学子参与"临空职业体验"活动

高中阶段不仅是学生生涯发展的关键时期,也是学生认知能力以及非认知能力提升的重要时期。学校组织的职业体验活动有助于培育学生的非认知能力,在高中阶段有着重要的意义。上影虹桥临空国际影城为上海市复旦中学的学生提供职业体验的岗位资源,岗位任务各不相同,学生可以根据自己对岗位的兴趣自主组团并在团队中认领适合自己的岗位。

职业体验前的岗位认知帮助学生们意识到需要认真对待自己的工作;岗位中导师的查访和交流帮助学生们体会到工作的意义和价值;职业体验后的交流是学生们对职业进一步探索、激发自我成长动力的过程。行前、行中、行后的每一步都缺一不可,指导工作除了需要团委教师和班主任的努力外,还需要导师的帮助和校外实践点教师的指导,当教育者形成了合力后,学生会有更好的实践体验。

职业体验活动不同于在校上课,实践过程中学生的非认知能力——职业规划行动力、与人共事所需的情感调节力都在迅速发展,并对他们原有的认知体系有一定的冲击。此时应发挥我校以班主任为首席的导师制的优势,在学生实践过程中去第一线了解实践情况,分析实践中学生的问题与优势,与学生不断交流,帮助其保持自律、认真的态度,找到适合自己的人际交往方式,提升交互能力。

(三)注重制度建设,健全多重保障机制

完善制度保障机制是构建中学大学社会实践一体化课程的必要条件。第一,政策保障。在教育局德育科牵头、教育学院德育室指导下,学校制定相关文件、规定及配套措施,形成社会实践一体化课程方案,做到构建中学大学社会实践一体化课程的规范与统一。第二,经费保障。加大对于构建中学大学社会实践一体化课程的投入,如友好学校交流、"文博研学"践行活动等。第三,人员保障。中学大学社会实践一体化课程与学校导师制工作相结合,除了班主任参加外,还可以邀请复旦大学教授、大学生辅导员或优秀的复旦大学校友以及学校德育处、团委教师,任课教师等担任指导教师,确保每一项社会实践活动有专业教师、管理人员参与,调动全体教师的积极性。学校德育处、团委教师对学生参与社会实践进行培训与指导,学校科研室对学生如何开展课题研究进行培训。教师在指导学生的过程中能提升人文素养与专业素养,实现教学相长。此外,学校注重家校合力的作用,通过家长学校、家委会、家长会等途径,宣传社会实践的重要性,解读相关的文件,鼓励家长关心、支持和指导学生参加实践活动;通过问卷调查、访谈、实地走访等形式调研家长资源,开拓社会实践一体化资源。

案例十: 见微知著 知行合一——上海纺织博物馆馆校合作项目

馆校合作是指学校与本市的各类场馆和实践基地合作,学生在专家、学校和指导教师的指导下完成社会实践。馆校合作可以发挥"1+1>2"的作用。上海纺织博物馆的专家指导教师具备纺织品的历史与发展、纺织学等专业领域的知识,能够给学生专业的指导。而学校为学生配备的校内指导教师更加了解学生的能力,在沟通方面更具优势。馆校合作的优势是结合馆内资源(包括馆内科普课程、博物馆展厅、专家指导等硬件及软件资源)

以及校内资源共同培育学生的综合素养。在整个过程中,馆校各自发挥优势,助力学生在社会实践过程中拓宽眼界,深入了解各行各业,提升自身综合素养。

上海纺织博物馆为学生提供的课程内容从纺织学科特点入手,涵盖纤维认知、织物识别、理化测试三大模块,依托上海纺织博物馆科普展厅和纤维实验室丰富的展陈资源及研究成果,旨在通过纺织科技的学习和实践,激发学生的创新活力,主动构建科学的知识结构体系,获得学习的满足感、兴奋感和自信心。校内指导教师主要在课题立项、课题实施以及研究性学习报告撰写方面进行指导,同时做好学生与校外指导教师沟通事宜。开展课题研究是学生了解社会的一种方式,也是提升学生综合能力的一种方式。在开展课题研究的过程中,学生深入商场了解买家对负离子纺织品的购买意愿;学生查阅电商平台的各类纺织品价格,了解负离子纺织品在性价比上的竞争力。课题的开展让学生接触社会,了解社会。在整个过程中,他们可能会碰壁,但也会收获更多课堂中无法获取的信息,逐步形成社会责任感。

(四)注重精神激励,探索考核评价机制

学校注重以激励机制提升学生参与中学大学社会实践一体化课程的积极性与主动性。本课程评价主体多元、评价标准多元、评价内容与方式多元,避免教师评价唯一、终极结果唯一的现象,提倡协调研讨式评价和发展激励性评价,即教师和学生共同讨论有利于发展激励的评价方式和标准,并根据协商的结果开展评价。

每学期,学校会评选优秀学生志愿者,并在结业式上颁发奖状、奖品;开展各类市区级社会实践项目,为学生颁发证书或证明。2018年,有8名学生被评为上海国际青少年科技博览会优秀志愿者;2019年12月,学校被上海电影博物馆评为"最佳志愿服务团队"。每年,学校组织各部门和指导教师对学生暑期开展的社会实践课题进行评审,并为获奖学生颁发张明为奖学金,同时,开展优秀社会实践课题的汇报与展示(详见附录三:《上海市复旦中学社会实践及文博研学获奖明细》)。榜样正能量的激励,能鼓励更多学生积极主动、自觉高效地投入到社会实践中去,有效推进中学大学社会实践一体化课程的构建。

考核评价机制是加强和改进中学大学社会实践一体化课程的重要手段。学校通过不同方式、不同路径收集学生在社会实践中的相关信息,对社会实践活动的过程和效果作出一定的价值判断。在评价过程中注重客观公正、实事求是,采用过程性、个性化、多元化的评价方式,对完成学时数、基地教师评价、学生互评、学校教师评价、课题研究报告、获奖情况等方面进行综合评价,根据评价结果提出改进与提高的方向和途径,发挥评价的诊断、反馈和指导功能。

案例十一: 小马达成长记——复旦学子参与"上海马拉松系列赛事"志愿服务

2019、2020 连续两年,上海市复旦中学组织高一、高二学生作为志愿者积极参与上马 Speed X 系列赛·耐克少儿跑、上海半程马拉松、上马 10 公里精英跑的志愿服务活动,并与来自复旦大学、上海对外贸易大学、东华大学、华东政法大学等高校的志愿者们并肩合作,为上马助力。此项赛事的志愿服务活动,也作为学校一体化构建中学大学社会实践项目的一次全新尝试。在上海马拉松系列赛事的志愿服务活动中,高中生志愿者与来自各个高校的大学生志愿者共同参与,并且在志愿服务活动中共同协作。高中生们得到了高校志愿者们经验的分享和指导,感受大学生们的榜样力量,增进了与高校志愿者们的沟通合作,实现大学中学的交流与衔接,推进了社会实践一体化项目的发展。

合理的激励机制不仅能激发志愿者们工作的积极性,还可以提高志愿者们的服务质量,促进比赛的顺利开展。在志愿服务过程中,教师、赛事主办单位会对志愿者工作的表现适时地给予肯定,使之能保持志愿服务的积极性。赛事主办单位也为每位志愿者配发统一服装。赛事志愿活动结束后,学校会通过志愿服务总结会、年级大会等途径为学生颁发志愿者证书,表彰优秀志愿者。同时,学校微信公众号会推送与活动有关的文章,并刊登志愿者们的活动感悟。

(五)汇智博采,编制形成《社会实践一体化课程学生课题集》

学校梳理并挑选了多年来复旦学子在各类社会实践过程中撰写的优秀

课题、研究报告和小论文,汇编成《社会实践一体化课程学生课题集》,其中收录了学生在香港、台湾友好交流,"文博研学"川渝、西安、洛阳等地践行活动中的论文,"进馆有益"获奖论文等诸多课题研究成果。《社会实践一体化课程学生课题集》是课程的物化成果之一,也是培养学生创新精神与实践能力的重要抓手之一,不仅为开展课题研究的优秀学生提供了展示的平台,也为其他学生开展课题研究提供了参考与范例,鼓励更多学生积极主动地投入到课题研究中去。

案例十二:　重走钱学森入党之路　传承科学家爱国之心——上海市复旦中学馆校合作

为贯彻落实《新时代爱国主义教育实施纲要》《教育部、国家文物局关于利用博物馆资源开展中小学教育教学的意见》等文件精神,进一步加强钱学森图书馆面向大中小一体化的教育资源建设,促进博物馆资源融入教育体系,探索构建协同育人的馆校合作机制,钱学森图书馆提供资源平台,供各学段开展沉浸式主题教育场所。上海市复旦中学尝试将爱国主题教育课程与钱学森图书馆资源结合,借助馆校合作的平台,进一步尝试创新主题教育的形式并深化大中小一体化德育实践,更深层地激发各学段学生的爱国情怀。

钱学森图书馆由序厅与四个展厅组成。教师带领学生参观钱学森图书馆的序厅,并对序厅红色立体造型的寓意展开联想和讨论。之后,教师带领学生进入第三展厅,小组自由参观后集合。以小组为单位在场馆参观的过程中,学生选定感兴趣的研究主题,并搜集素材。课后,学生将课堂中构想的研究方向继续落实,结合馆藏资源、线上资源以及自身体会,形成研究报告,进一步体会钱学森同志的爱国心、报国情。

在小组活动中,成员个人的思考研究、成员之间的相互合作以及整个团队的专项分工,都是锻炼学生自主探究能力的重要途径。场馆资源是本节课的重要资源之一,将课堂开设在场馆中,与钱学森图书馆的指导教师沟通课堂所涉及的参观路线、展陈物品、研究指导等事宜,能保障课堂顺利进行;将场馆硬件资源与科学教育软件理念完美融合,能拓展社会实践的自主性、跨学科性和人文性。不仅如此,钱学森图书馆资源能针对不同年级的学生制定主题教育或实践方案,在大中小一体化的背景下,可以更多样化地提供教育资源。在此基础上,学校邀请相关专业的学长讲解并参与选题讨论,为学生提供课题研究的宝贵经验,将大中小联动融入课程,实现纵横交错,提升育人成效。

第五章

社会实践一体化课程及其运行机制的实际效益与未来展望

一、社会实践一体化课程及其运行机制的实际效益

在上海市高中综合素质评价背景下,学校深入探究构建中学大学社会实践一体化课程及其运行机制,将理论与实践相结合,推动学生的全面发展和社会实践工作的创新发展,形成可借鉴、可推广的有效做法。

(一)全面发展,大力促进学生综合素质

社会实践作为中学大学综合素质评价的重要内容,有助于引导学生践行社会主义核心价值观,培养以爱国主义为核心的民族精神和以改革创新为核心的时代精神,培育健全人格;有助于引导学生坚持理论联系实际,注重课内课外、校内校外相结合的学习方式,改变教与学的方式,促进知识与能力、课堂与社会、践行与智慧的有机融合,丰富成长经历;有助于引导学生综合运用知识分析问题,在真实情境中用科学方法开展研究,及时对研究过程及研究结果进行审视、反思并优化调整,提高解决实际问题的能力;有助于引导学生在实践中体验、感悟、内化道德情感,培养创新精神和实践能力;有助于引导学生体悟个人学习和就业与国家发展、社会进步、人类命运共同体的关系,增强根据自身兴趣专长进行生涯规划和职业选择的能力,提升社会情感能力,增强社会责任感和使命感;有助于引导学生崇尚劳动、尊重劳动,懂得劳动最光荣、劳动最崇高、劳动最伟大、劳动最美丽的道理,能够辛勤劳动、诚实劳动、创造性劳动,有效促进学生综合素质的提升。

（二）贯通衔接，有效落实德育一体化

开展社会实践是全面贯彻党的教育方针的根本要求，是加强和改进未成年人思想道德建设的重要举措，是实施素质教育的关键环节，是贯彻课程改革要求、实现课内外有效衔接、促进中小学生健康全面发展的基本途径。学校在实施中学大学社会实践一体化课程的过程中，坚持"课堂教学与社会实践并重、智育与德育并重、校内教育与校外教育并重、形式与效果并重"的原则，通过基于一脉相承的德育培养目标与培养任务，将中学大学的社会实践视为一个整体进行统筹设计与安排，有机衔接，实现中学大学社会实践课程的纵向（不同学段）衔接与横向（学校与社会、同学段的不同学校）贯通，鼓励中学生与大学生共同参与社会实践，增进中学大学之间的联系，实现资源的最大化利用，促进社会实践课程的分层递进与系统化发展，有效落实德育一体化。

（三）改革创新，切实推动内涵发展

学校基于自身特色与优势资源，加强社会实践这项重要育人活动的整体思考与设计，推动中学大学社会实践一体化课程的长效发展。目前，各学校开展的社会实践主要以本校学生分项目开展为主，课题组整合资源、分层设计，使初中生、高中生、大学生通过社会实践联动起来，避免现阶段社会实践开展过程中简单重复、资源浪费、教育断层等问题，形成了社会实践一体化课程以及运行机制，为其他学校社会实践的实施提供可复制、可推广的经验。依托构建中学大学社会实践一体化课程，学校增进了与各级各类中学和大学的交流与合作，实现教育资源利用的效益最大化，发挥示范引领与品牌辐射的作用。

二、社会实践一体化课程及其运行机制的未来展望

未来，学校还将进一步深化社会实践，推动中学大学社会实践课程的长效发展，在现有成果基础上总结并延伸四个方面的研究。

（一）进一步研究社会实践一体化课程顶层内容体系

本研究的难点在于社会实践课程在不同学段之间的纵向衔接容易使社

会实践出现"断链"。例如,中学大学德育目标缺乏一体化设计,教育内容庞杂,对各学段教育的侧重点不尽相同,"循序渐进"和"螺旋上升"的教育目标难以体现;对教育方式方法的"学段差异"认识不足,同一教育资源低水平重复利用,"因材施教"的教育策略难以真正实现;教师缺乏合作与沟通的机制和渠道,处于相互疏离的状态,教师"衔接意识"和"衔接能力"较为匮乏。因此,需要进一步研究社会实践课程顶层内容体系。

（二）进一步强化社会实践一体化课程长效运行机制

在构建中学大学社会实践一体化课程的过程中,如何使小初高形成一种常态化的合作机制,是推进社会实践一体化长效运行的重要载体,也是本研究成果能够持续发挥影响力的重要途径。下阶段可以在明确组织机构、形成具体推进方案、开展定期例会、构建共享办公室、共同创建品牌项目等方面进一步深化研究,扩大团队成员的覆盖面,集结各学段相关教师共同参与、共同探讨,优化、完善中学大学社会实践一体化课程长效运行机制,让中学、大学在此基础上合作得更为紧密默契。

（三）开发区级社会实践一体化共享课程

作为构建中学大学社会实践一体化课程的重要指导保障,师资队伍是亟须进一步开发的宝贵资源,对教师的培养是提升学生社会实践课程定位的重要前提。因此,在"十四五"期间,拟开设区域中小学教师专业（专项）能力提升课程"构建长宁区中学大学社会实践一体化项目介绍及运用"（选修课程）,辐射和服务区域,由德育分管领导、教导主任、班主任、导师等在内的所有教师共同研讨、集体备课、录制微课,形成区域层面的培训课程,通过课程的整体设计和实施,切实提升教师在社会实践、学生综合素质培育方面的理念和实操能力,扩大本研究的辐射范围和影响力。

（四）汇编完成《社会实践一体化课程手册》

本研究在调查研究学生需求现状的基础上形成了课程序列以及运行机制,学生比较关注如何更加直观地了解自己学段的各类社会实践,如何更好地贯穿自己的学涯生涯,在后续研究过程中可进一步梳理和完善。下阶段可以汇编完成《社会实践一体化课程手册》以及电子版与相应电子应用,此手册可以作为各年级学生开展社会实践的指南,包括政策篇(市教委相关文件、三学段学校社会实践总体目标与分层目标),操作篇(网上如何录入信息、如何选择相应社会实践场馆等),指南篇(职责、安全、礼仪等),落实上行(低学段对高学段)、平行(本学段)、下行(高学段对低学段)的资源共享,实践导引。希望拿到此手册,学生能全面、清晰、便捷、一站式地了解社会实践的相关要求及做法;希望学生对本学段的社会实践进行规划,有利于社会实践育人效果的更好达成。

第六章

社会实践及其一体化的实践探究与拓展应用

一、在社会实践中培养学生社会情感能力

（一）立足国家层面进行整体设计

目前，社会实践越来越受到重视，社会考察、研学旅行、志愿服务、职业体验、综合实践等多种形式的社会实践正在开展，社会责任感、情绪管理、法治教育、安全教育、团队合作精神、创新精神等主题教育应接不暇。然而，在推进社会实践和培养社会情感能力的过程中，出现了碎片化、表面化、形式主义的现象，效果也不甚理想。从整体设计出发，要让社会实践与培养社会情感能力成为一个有机整体，让所有的社会实践形式成为一个相互联系的有机整体，让学校、家庭、机构组织、政府及社会成为一个有机整体。因此，必须加强国家层面上的整体设计，在形式上做到组合，在主题上做到融合，在方法上做到结合，在工作上做到整合，追求目标一致、价值归一，使社会实践能在立德树人根本任务的大框架和培养社会情感能力的主要目标下形成整体，逐步完善中国特色的实践育人系统性理念、全局性措施、一体化目标和高质量评价，建立完善的全员、全方位、全过程的社会实践资源共享机制、运行管理机制、激励保障机制。

此外，应当真正贯彻《教育法》规定的"教育必须为社会现代化建设服务，必须与生产劳动相结合"。各级政府要借鉴国外经验，积极建立健全相关法律法规，从法律层面强制性地保障学生社会实践活动必要的人力和财力投入，真正将社会实践纳入法治化轨道。

（二）营造家校社融合的社会生态系统环境

社会关系决定着一个人能够发展到什么程度。开门办教育,学校必须成为一个开放的系统,进一步促进家校社协同共育的合作伙伴关系。家庭是学生的主要生活环境,家长通常对学生的发展情况更为敏感。学校可以建立积极的家校沟通,通过家长学校、家委会、家长会等途径,宣传社会实践培养学生社会情感能力的重要性,鼓励家长关心、支持和指导学生参加实践活动;通过问卷调查、访谈、实地走访等形式调研家长资源,借助家长资源丰富社会实践的活动内容,为学生提供连续性的社会情感教育。社会是学生参与实践的广阔场所,企事业单位、社会机构组织、政府机关、社区为学生提供多样化的社会实践项目,学生通过与各系统、各主体进行互动,发展社会情感能力。学校可以以自身为核心,与家庭和社会协同育人,树立信念,形成共识,在家庭、学校、社区等场所为学生提供一致性的社会情感教育,重新审视学生全面发展的价值和实现路径,强调社会情感能力对学生个人和社会的重要性,以及社会实践教育对学生发展的必要性,实现"共融、共生、共长"的社会生态系统。

（三）促进社会实践向研究型学习转变

学生对于社会实践的需求和认知日益多元化,已不再满足模式单一、简单、重复的参观性质或体验性质的社会实践活动,因此,要避免以往社会实践中的随意性和同质化现象。学校和教师要树立明确的信念,即学生的社会情感能力是重要的个人能力,是可以通过教育得到培养和提升的,而且社会情感学习能融入社会实践的各个环节中。当培养学生社会情感能力成为学校和教师的重要使命时,学校和教师可以通过制定具体的社会实践安排,明确表明社会情感能力的发展是学生社会实践教育的优先事项。在不同类型的社会实践项目中,教师可以有意识地告诉学生该项目着重关注的是社会情感能力的维度,从而引起学生的思考;也可以基于社会情感能力的各个维度开发相应的社会实践项目,为学生提供清晰的能力发展目标。

学校和教师要保持开拓创新的精神,优化社会实践,促进社会实践向研究型学习转变,深化学生社会情感能力培养。研究型学习是学生在教师的指导下,从自身和社会活动出发,选择和确定研究主题,以类似科学研究的方式主动获取知识、应用知识、解决问题。研究型学习本质上是一种探究性、创造性学习,具有鲜明的实践性,这与引导学生深入思考,帮助学生在社会实践中实现自我教育高度契合,促使学生独立思考、完成任务、应对挑战,全程经历从体验到升华的心理变化过程和能力提升过程。促进社会实践向研究型学习过程转变,推进课程化建设,应将社会实践推进和社会情感能力培养纳入学校人才培养整体方案和教学内容体系中,列为"必修课",从而客观上让学生接受实践教育,让学生在社会环境中进行社会情感学习。促进社会实践向研究型学习过程转变,还应采用项目化、结构化的社会实践。项目化、结构化的社会实践是一种制度化的模式,能保证学生有社会情感能力培养目标,与指导教师常态接触,有适合的实践岗位、机会和活动,从而激发学生的好奇心和创新精神。学生从目标设定、方案制定、岗位选择、具体实施、研究性报告等方面主动思考、积极选择、深入研究,对培养自身社会情感能力起到切实有效的作用。

（四）建构以社会情感能力为核心的社会实践评价

目前"重分数轻能力""重考试轻素质"的现象依然存在,在学业压力大的学段尤为严重。事实上,当学生离开学校步入社会,个体在社会中的生活不可能由分数决定,而是取决于自身的品格、能力和习惯。2014年,《教育部关于加强和改进普通高中学生综合素质评价的意见》(教基二〔2014〕11号)就提出把社会实践作为高中生综合素质评价的重要指标。2019年6月,《国务院办公厅关于新时代推进普通高中育人方式改革的指导意见》(国办发〔2019〕29号)再次强调,要拓宽综合实践渠道,完善综合素质评价。2021年,教育部等六部门联合印发《义务教育质量评价指南》,把"劳动与社会实践"作为义务教育阶段学生发展质量评价的重要指标。

多方协同开展以社会情感能力为核心的社会实践评价。社会实践评价以社会情感能力培养为目标指向,以持续发展为路径指向,以真实发展为实践指向,发挥评价的育人功能。教师、学校、家长、社区在社会实践中优先考虑学生社会情感能力的整体性评价,考虑学生的个人情况、家庭背景、发展需求和社会生活能力,关注现实世界和时代发展的需求与挑战,聚焦学生在社会实践中的成长过程,真正做到"以人为本",即以发展人的社会性为本。在客观、真实记录学生社会实践的基础上,通过以学生为主导的个人或者团队合作的公开演讲、活动汇报、成果展示、课题申报、论文发表等方式,开展学生自评及互评、师生互评、第三方评价、家长评价等评价方式。这类评价方式尊重个体差异,激发主体精神,让学生在跨学科知识、课外领域、社交沟通、情感态度等方面展现优势与不足,帮助学生建立自信、学会反思,与同学、教师、家庭和社区共同思考个人的发展以及是否达成了目标;形成表现性评价、过程性评价和增值性评价,指向学生社会情感能力的培养,为学生将来更好地适应社会生活打下良好的基础。

二、高中生社会心态现状调查与对策建议

社会实践与社会心态之间存在着密切的关系。社会心态一般是指一个社会或群体在特定时期所共有的心理状态和价值取向,它反映了人们对社会现象的认知、情感和行为倾向。高中生社会心态具体指高中生共有的心理状态和价值取向。一方面,社会实践对社会心态具有塑造作用。学生在参与社会实践的过程中,会不断接触到各种社会现象,遇到各种社会问题,从而形成对社会现实的认知和评价,这些认知和评价会进一步影响学生的心态,塑造他们的价值观念和行为方式。例如,通过参与志愿服务活动,学生会更加关注社会问题,增强社会责任感。另一方面,社会心态也会影响社会实践的开展。一个积极向上的社会心态有助于激发学生的创造力和创新精神,推动社会实践的发展;相反,消极的社会心态可能导致学生对社会现象产生偏见和误解,甚至阻碍社会实践的顺利进行。总之,社会实践与社会心态之间存在着相互影响、相互塑造的关系。

(一)调查概况

目前对于社会心态的研究,普遍针对整个社会的情况或以面向大学生群体为主。我国不同学者对社会心态问题进行了不同的研究探讨。王俊秀在《社会心态:转型社会的社会心理研究》中提出,社会心态是社会转型的反

映,不仅包括转型过程中的心理特点、社会现象,还包括社会转型带来的社会共同的心理变化和特征。杨宜音在《个体与宏观社会的心理关系:社会心态概念的界定》中认为,社会心态是在一定时期社会环境和文化影响下形成的,弥散在整个社会或社会群体中普遍的、一致的、对社会个体产生影响的社会共识、社会情绪、社会价值取向和行为意向。王小章在《结构、价值和社会心态》中提出,社会心态是社会关系结构和社会倡导价值观共同作用的结果。

已有研究中对高中生社会心态的了解较少。2022年的《新时代的中国青年》白皮书明确提到:"社会是青年成长发展的重要课堂。新时代中国青年以更加自信的态度、更加主动的精神,适应社会、融入社会,参与社会发展进程,展现出积极的社会参与意识和能力,成为正能量的倡导者和践行者。"强调了青年学生政治学习的重要性、青年生活与社会生活的联系,以此增强高中生的价值共识与共鸣,形成良好的社会心态。作为新时代中国特色社会主义事业的建设者和接班人,以高中生为主要代表的青年群体如何理解和认识问题,呈现何种社会心态,在很大程度上影响着中国社会共识的凝聚,并对大学阶段的接续培养产生一定影响。

因此,上海市复旦中学开展本次问卷调查,以了解高中生的社会心态发展情况,这不仅是把握当下高中生心理与思想状况的关键,还是培育积极向上的时代新人的现实需要。本研究所提到的高中生社会心态具体指高中生共有的心理状态和价值取向。通过问卷分析,进一步探讨学校如何通过丰富育人资源等途径,助力高中生社会心态的正向推进,使学生以积极乐观的心态面对个人学习生活,以自信自强的心态对待国家发展,让学生拥有明确的自我认识,积极的社会情绪,正确的世界观、人生观、价值观。

本问卷以上海市复旦中学2020级、2021级、2022级学生为调查对象。问卷主要围绕以下五个维度进行设计:个人生活、校园生活、社会实践、网络媒体、国家社会,以探究高中生的社会心态现状。问卷共69题,其中个人生活维度14题,校园生活维度17题,社会实践维度12题,网络媒体维度9题,国家社会维度17题,题目分布较为平均,为后续样本的分析提供了可靠的数据支持。

本研究线下发放纸质问卷,利用统一、充足的时间深入高中生群体进行调查。面对纸质问卷,学生更为重视,数据真实性较高。此次问卷共发放645份,回收问卷645份,回收率为100%,其中有效问卷583份,问卷有效率为90.39%。

(二)高中生社会心态现状分析

1. 对自身未来发展有一定认识和规划,但对发展过程存在一定顾虑

图6-1可以看出,大部分学生考虑学习的目的是从现实层面出发。有58.34%的高中生认为学习的目的是"为考大学做准备,实现人生理想";有54.06%的学生认为是"找个好工作,提高社会地位";30.18%的学生认为是"报答父母";28.39%的学生认为学习的目的还包括"促进祖国发展";12.26%的学生认为通过学习可以"获得赞扬、奖学金等奖励";其余部分学生还认为学习的目的不限于以上,还有其他方面。以上数据都说明,现代高中生对学习有较强的自发动力,仅有少部分学生须依靠外界才能坚持学习,大部分高中生们能正确认识到学习的多重目的,明白学习是提高自己、实现理想、报效祖国的重要途径。

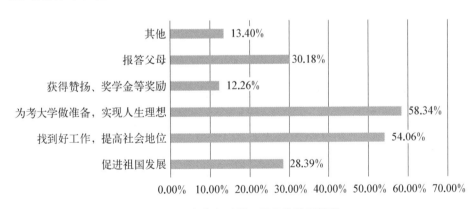

图6-1 高中生对学习目的的认识情况

通过学习的目的来探究学生的学习动力可以发现,大部分学生的学习动力来源自身,有48.65%的高中生学习的动力是来自"实现自己的理想",有39.73%的学生认为动力来自"想要改变现状";也有一部分学生的

学习动力来源于外界,如父母的支持、老师的要求;还有部分学生选择了其他选项。

对于自身的职业规划,经调查,有 43.57% 的学生对自己未来的职业生涯"有明确规划",有 39.78% 的学生"不太确定",仅 16.36% 的学生对未来职业"完全没有规划",剩余 0.29% 的学生选择了其他选项。

如图 6-2 所示,对于实现理想所面临的障碍,学生们普遍有多重顾虑,"能力不足""自己的懒惰""残酷现实""缺乏自信"等占比较高,分别占比 62.4%、56.02%、47.50%、41.82%。另外,有 28.77% 的学生认为"周围不利的环境",26.70% 的学生认为"别人看法"也是障碍。这说明大部分高中生对自己的未来已经有了一定的认识和规划,但对于理想的实现过程存在很大顾虑,包括社会环境、自身能力等方面。因此,对于学生个人来说,需要加强自信,提升自我管理与规划;而对于家长和学校来说,需要营造积极氛围,在保护高中生自尊自信的基础上,促进学生认识自我、规划人生、激发潜能,创造良好的学生社会心态培育环境。

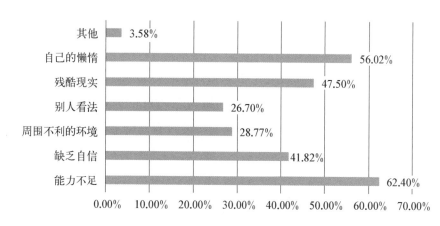

图 6-2 高中生对实现理想要面临的障碍的认识情况

大部分高中生认为"自己的家庭氛围轻松",有 14.40% 的学生认为"难以描述自己的家庭氛围",8.02% 的学生认为"家庭氛围有点压抑",1.95% 的学生认为"十分压抑"。这表明大部分学生的家庭较为和谐,气氛轻松,这是高中生得以健康成长的港湾。

综上可知,良好的成长环境能够给予学生正向、积极的引导,提升学生对自身发展的规划能力。要促进学生的未来发展,除了良好的成长环境外,还需要学生自我定位准确,以积极、乐观的态度正确看待学习目的,正确认识自己的优势和不足,接纳自己并确立生涯规划方向。

2. 对社会实践活动有较多体验和思考,但对校园活动的积极性略有不足

参与调研的学生所喜欢的实践活动中"职业体验类""社会考察类"两项占比较高,分别为 48.94%、57.27%;喜欢参与"志愿服务(公益劳动)类"的占 30.83%,参与"综合探究类"的占 30.83%。对于参与社会实践的目的,"丰富课余生活"占 59.87%,"提升创新能力和组织能力"占 53.50%,"了解社会情况"占 38.02%,"提升人际交往能力"占 36.82%,"巩固理论知识"占 29.67%。这些数据表明,当今社会的高中生参与实践活动较为丰富,并且能够与社会接轨、认识社会,能够正确认识自己参与社会实践的目的,提升自身的责任意识。

参与调研的近半学生认为自己"经常参与公益性事业,服务社会",有 38.94% 的学生认为自己的"参与程度一般",有近 20% 的学生认为自己的"参与程度还不够高"。如图 6-3 所示,认为学校应"加强实践基地建设"的学生占 61.85%,另外还包括"指导老师协助""岗位培训""成果展示平台建设"等多方面的支持。这表示参与调研的学生对自己的社会实践活动作了反

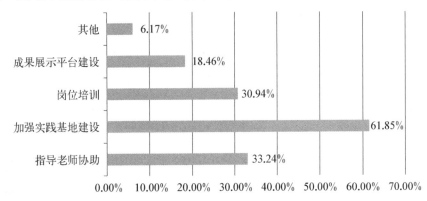

图 6-3 高中生对学校应该加强何种社会实践的支持的认识情况

思和评估,能够根据实践活动中存在的问题提出一定的改善建议和方向,有利于学生真正地健康成长,全面发展。

如图 6-4 所示,大部分学生认为社会实践经验对未来学习生活"有一定帮助",接近 13% 的学生认为"帮助较少"。参加社会实践后,认为社会实践"丰富了自己的课余生活"的学生占 58.32%;认为"提升了创新能力和组织能力"的学生占 55.41%。还有学生认为"开拓了自身视野,巩固了理论

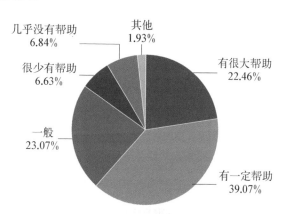

图 6-4　高中生对社会实践经验对未来学习生活的帮助的认识情况

知识""了解了社会情况,提升人际交往能力""提升团队协作能力和集体荣誉感"等。经调查,大部分学生愿意继续参加校内外各种实践活动,占比超过 50%,这表明,大部分学生在参与社会实践后,能够认识到社会实践的积极意义,并且能够有切实收获,对参与实践活动具有积极的态度。

校外社会实践活动的多样性和较强的体验感,令学生享受过程,融入其中,在校内也积极参与相关活动如社团活动等。通过问卷可知,参与调研的高中生认为自己与本校社团组织接触的密切程度"非常密切"的占 17.56%,认为"比较密切"的占 25.24%,认为"密切程度一般"的占 32.69%,其余学生认为自己"不太接触或者完全不接触学校的学生团组织"。由此可见,校园活动还有进步发展的空间,学校需要进一步加强与学生之间的交流,开展丰富多彩、形式多样的活动,保持学生的积极情绪,才能够让学生在活动中真正地认识自我、展示自我、悦纳自我,并能够在校园活动中牢抓教育契机,开展实践育人。

如图 6-5 所示,参与调研的高中生中参与校内社团组织的分布情况如下,"理论学习类"20.41%,"学术科技类"21.28%,"文艺体育类"47.01%,"志愿服务和社会实践类"5.38%,"综合类"15.23%,"其他"6.95%,13.15%

的学生未参加过社团活动。这表明大部分参与调研的高中生积极参与校内社团活动,通过活动陶冶情操,丰富课余生活。

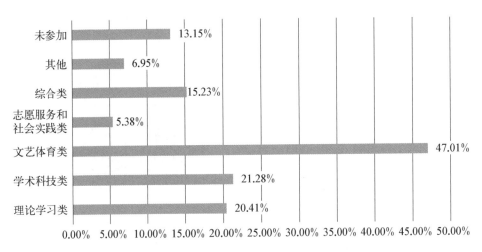

图6-5 高中生参与校内社团组织的分布情况

以上说明,高中阶段学生的活动参与度较强,能够在自身理论知识的基础上,形成综合实践能力,愿意融入社会、适应社会。学校需要协调多方资源,积极满足学生的现实需求,改善整体活动的育人效果。

3. 对时政和社会逐步关注和了解,但在多元信息冲击下易产生矛盾与冲突

社会心态是系统性问题,个人心态可能会受到群体心态的影响而发生改变。大部分学生认为"在我国,西方节日也比较盛行"。同时,占比超70%的学生认为"西方节日一般对我国文化不会产生消极影响"。这说明目前世界联系紧密,文化交流频繁,但我国历史悠久,文化源远流长、博大精深,传统节日具有无可替代的生命力、影响力和凝聚力。在全球化快速发展的今天,如何能够延续传统节日的生命力,发扬优秀传统文化,也是学校和社会以及每一位公民都应该思考和实践的重要任务。

对于日常行为,大部分学生能够认识到每天升国旗和奏国歌的行为是"庄严、肃穆且有重要意义的",平时看到升国旗,都会停下来行注目礼。这表明对学生的爱国主义教育收到较好成效。我国在政治、经济、文化、生态、法治等多方面取得的成就都让参与调研的学生感到自豪,尤其集中在经济和文

化方面,分别占 60.28%、58.16%。

"当有人故意诋毁国家形象,损害国家利益时",绝大部分学生认为自己能够勇敢站出来制止。"当个人利益与集体利益发生冲突时",认为首先考虑集体利益再考虑个人利益的学生占 38.67%,认为应当视情况而定的学生占 35.82%。这表明学校和社会的爱国主义教育取得显著成效,学校德育教育扎实推进;学生能够树立正确的价值观,确立国家利益高于一切的坚定信念,将维护国家安全、荣誉和利益放在首位,同时,在遇到实际问题时,具有一定的思辨力,学会辩证看待问题,能够具体问题具体分析。

学生走出校园,了解世界的变化以及世界与我们生活的关系,学校应当引导学生关心时政、放眼世界。大部分学生比较关注时政新闻,仅约 10% 的学生不是特别关注。在网络时代,学生关注时政新闻的渠道以"微博、微信、QQ 等社交软件"以及"抖音、快手、哔哩哔哩等自媒体 App"为主,分别占 60.02%、55.20%;选择"新浪、百度、搜狐等网页新闻渠道"的占 33.11%;传统媒介也仍然具有活力,选择"报纸、广播、电视等传统媒介"关注时政的占 37.01%。作为高中生,从"思政课堂、专题讲座、校园电子屏等途径"获取新闻的也有不少,占 15.01%。关注时政新闻时,大多数学生会关注信息来源的发布主体,占 64.45%,其余不是特别在意。这表明参与调研的高中生具有较强烈的主人翁意识,能够利用身边各种渠道和资源了解社会,密切关注社会发展,也从侧面体现了高中生的世界眼光、爱国情怀和人文素养。

党的二十大报告指出"推进文化自信自强""形成同我国综合国力和国际地位相匹配的国际话语权"。如图 6-6 所示,在如今频繁的国际交流中,面对复杂的国际环境和周边地区形势,近半数学生对中国未来的发展前景所持的

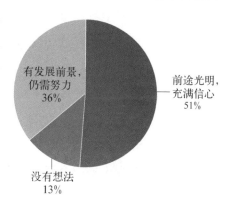

图 6-6 面对复杂的国际环境和周边地区形势,高中生对中国未来的发展前景所持的态度

态度比较积极、充满信心,同时也有部分学生认为未来有较好发展前景,应当继续努力奋斗。由以上可知,在全球化背景下,面对文化多元性,高中生有较强的爱国情怀与文化自信,可见,日常生活中潜移默化的德育、网络资源等,不仅丰富学生的知识视野,而且深化政治觉悟、提升思想认识、培育强烈的爱国情怀,促使学生全面发展。

(三)培育高中生良好社会心态的对策与建议

社会心态的发展情况,是社会文明的"风向标"和"晴雨表"。青少年的社会心态如何,关乎时代新人的培育,关乎整个社会价值观的培养。当前高中生社会情绪总体正面,并以更大的热情、期待和能量正向推进。随着信息的流动性和交互性增强,人的个性化发展和人生价值的实现必须以对社会的责任为核心要素,通过强化自我建构、开展多元实践、提升社会责任,显现出更积极、更良好的社会心态。基于上述分析与结论,在后续的研究与实践中,可以进行一定的追踪探究,对高中生进行动态调研,更深入地了解高中生每年的社会心态变化。

1. 聚焦学生生涯发展,促进健康成长

(1)着眼终身发展,提升个人规划能力

高中生处于生涯探索期,无论家长还是学校都希望为学生的个人生活、社会生活、职业生活做好准备,锻炼其综合能力。对于学生来说,树立学习目标,不论是宏大的学习理想,还是具体的学习阶段目标,都是学习价值的直接体现。学校应尽可能营造更有精神价值的学习氛围,将求真务实、逐梦奋斗融入学生的主流价值观。

学校基于所确定的"一条主线、两大板块"生涯教育体系,推进生涯导航。"一条主线"指的是:高一"生涯认知,了解自我";高二"生涯探索,规划学业";高三"生涯行动,规划职业"。"两大板块"指的是:利用校内外两大教育板块,充分调动校内外教育资源,创新生涯教育的形式和方法。生涯教育课程体系的设计和运作为学生全面而有个性的成长提供教育支持。学校依托心理教师、班主任,开设心理辅导课、主题班会课,融入生涯发展教育,培养学生生涯意识,组织学生进行生涯探索,开展生涯行动;引进专业机构,开设生涯专业课;联动家长资源,开设家长生涯课;凝聚毕业生资源,开设校友生涯课,形成整体设计连贯三年的生涯教育课程体系。学校通过生涯教育,深化学生的自我认知,激发学生的学习潜能,培养学生的生涯选择、职业规划与管理能力,增强学生的社会参与度。

(2)加强家庭教育指导,营造良好生态

家庭教育指导不仅是政策要求,亦是当下家校合作育人的迫切现实需求。学校是上海市家庭教育示范校,形成了"学校导引、家庭融入、社区参与、多维联动、全面合作"的家庭教育协调共建机制和"渊博雅正、家校合作"的家庭教育理念。学校积极推进"全员导师制"工作,新一轮家庭教育工作的特色品牌为"博学善导,携手共育——'全员导师制'背景下的家校共育"。在此次调查中,通过观察家庭氛围对学生学习情况与未来发展规划的影响发现,在学生成长过程中,和谐的家庭氛围、开阔的家庭教育视野以及充分的家庭支持尤为重要。

家长和学校要为学生成长创设更和谐的教育生态,开创家庭教育工作新局面,构建家校之间更多的联动沟通。学校指导家长树立正确的、科学的教育观,同时,指导家长培养子女自尊自爱的精神、自我管理的意识和良好的道德品质,教育子女遵纪守法、热爱生活、服务社会。家长在了解子女性格特征、行为习惯、道德表现的基础上,通过与子女的思想交流,及时了解子女的思想动态,对其错误思想及时纠正,启发引导子女认识自身存在的不足,帮助其塑造良好的道德品质和行为习惯,确立远大的人生目标。

2. 聚焦学生实践能力,培养创新精神

(1)丰富校园体验,强化五育融合

校园活动是学校办学思想、教育理念有效落实的平台和载体,是精神文明建设的一部分。因此,要进一步抓好校园文化建设,加强校园活动体验,培养社会主义建设者和接班人。

学校坚持以"文化立校、自强育人"为办学思想,开展具有学校特色和符合学生需求的主题活动,从党史学习教育、"四史"宣传教育,推动理想信念教育常态化制度化,到深化实践育人,再到日常推动主题教育、仪式教育以及社会主义核心价值观的广泛传播。如通过开展校园文化活动、主题教育、仪式教育等丰富学生们的校园生活;运用校会课、主题班会课、主题教育课、主题团日活动、德育学子讲堂等一系列教育载体,让学生在开拓创新中汲取新知,在交流协作中成就彼此,在更广阔的平台实现自身价值。学校积极组织开展围绕各时间节点的主题活动,提升学生人文素养,培养学生爱国荣校之情;通过升旗仪式开展家国情怀教育,传承中华优秀传统文化,增强学生文化自觉和文化自信;组织开展具有学校特色的校庆文化节、体育节等主题活动,弘扬社会主义核心价值观,营造和谐校园文化氛围;以开学典礼、毕业典礼、结业式、入团仪式、十八岁成人仪式、奖学金颁奖典礼等活动为抓手,发挥学生的主人翁意识,促进学生多元发展;将社团活动课程化,确保每周一次固定时间、地点、指导教师的社团课程,提升校园活动的文化含量与品质。

(2)拓展社会实践,提升社会情感能力

通过理论与实践相结合,学校围绕日常生活和社会参与的多种实践,培养学生积极的社会心态;积极推进学生社会实践活动,深化对学生综合素质的培养,系统化提升实践育人的内涵与品质,引导学生实现知识与价值、理论与实践的统一,落实立德树人根本任务;坚持"课堂教学与社会实践并重、智育与德育并重、校内教育与校外教育并重、形式与效果并重"的原则,梳理形成中学大学一体化社会实践项目,通过组织学生参与社会考察类、志愿服务(公益劳动)类、职业体验类、综合探究类等社会实践活动,形成校内校外合力育人局面,实现以创新精神和实践能力为重点的素质教育。此外,学校还可以充分使用网络平台,开展线上线下相融合的"云"实践,对学生社会心态进行培育。

在日常实践中,学生关注时事和生活中的所见所闻,树立积极的生活态度,建立和谐友好的人际关系,正确对待和评价自己、他人、集体。在职业体验活动中,学生能够系统地学习专业知识,促进综合素质的提高,提升实践与理论相结合的能力。

3. 聚焦学生综合素养,厚植家国情怀

(1) 传承红色基因,深化理想信念

高中阶段是青年学生政治观形成的重要时期,学校充分利用校内外红色资源,强化学生对党和国家的政治认同、思想认同、情感认同,培养德智体美劳全面发展的社会主义建设者和接班人。

学校作为青年政治引领工作的重要平台,引导青年学生确立组织观念,树立听党话、跟党走的人生追求,加强理论方针的学习。上海市复旦中学是一所具有伟大红色基因和光荣革命传统的学校,以长宁区爱国主义教育基地"马相伯纪念馆"为主要讲解场馆,深化复旦"初心"宣讲团品牌项目,推动广大青年学子探访红色场馆开展志愿者培训、讲解服务、校史研究、红色读物编写等,形成有特色的场馆讲解微课、志愿培训项目等,深化党史校史教育,赓续红色血脉,提升复旦志愿者品牌的区域辐射影响力,进一步引导学生传承红色基因,努力前行,不负韶华。

(2) 铸牢中华民族共同体意识,坚定自信自强

实现中华民族伟大复兴,任重而道远。推进文化自信自强,必定能够在中华民族伟大复兴的历史进程中凝聚更加强大的精神力量。习近平总书记提出,要"坚持巩固壮大主流思想舆论,弘扬主旋律,传播正能量,激发全社会团结奋进的强大力量"。学校通过爱国主义教育、优秀传统文化教育、"四史"教育、法治教育、社会主义核心价值观教育等,帮助青年增强国家自豪感、民族认同感,培养学生文化自信。

学校以民族团结陈列室、民族教育思政工作室为主阵地,让中华民族共同体意识在每位师生的心中生根发芽。学校西藏班利用双休日、五一长假、国庆长假、寒假期间,以"红色践行""军政学农""社会考察"为三大板块,引领学生走向社会践行研学,寻访红色足迹,赓续爱国基因,磨砺自我成长,实现个人价值。学生走进江南名胜,感受海派文化,在社会实践中触摸时代脉搏。同时,汉藏学生在交往交流中实现交融。汉藏学生同吃同住,各族师生在日常教育教学和生活娱乐中和谐相处、亲如一家,激发高中生的家国情怀,学生对国家、对民族发自内心地崇敬,从精神深处认同,文化归属感、自豪感显著

增强。

（3）协同家校社合力，促进全面发展

深化教育改革，培育时代新人，需要家庭、学校和社会的密切配合。家校社合作共育是实现立德树人根本任务的需要，是应对现代教育新挑战和适应未来教育发展的需要。高中阶段是青少年三观形成、道德发展的关键期，同时也是个性逐步定型的时期。在这一重要阶段开展家校社合作共育对于青少年的成长有着极其重要的作用。

学校整合校内外各方力量，与多家单位建立共建协议，充分发挥各类社会资源的作用和优势。学校依托复旦大学优质教育资源，聘请复旦大学教授、优秀的学生家长代表、校外法治副校长、法治辅导员、校外心理辅导员、关工委老同志等走进学校，积极开展各种融知识性、科学性、互动性为一体的寓教于乐的讲座，拓宽学生的眼界。在上海高考综合改革背景下，学校联系对接多家社会场馆，为学生提供优质的实践基地，让学生走出校园、走进社会，增加社会体验的机会，提升探究能力与实践能力。

三、以高中社会实践为载体的劳动教育课程研究

（一）研究目标

上海市复旦中学以高中社会实践为主要载体，打造具有校本特色的劳动教育课程，力图在"'劳'以笃志，'动'以润心"的总目标下按不同维度达到"F-U-D-A-N"五点分目标。

"F"即"Form"，意为习惯或想法的形成（劳动品质）。学生通过各类社会实践，认识劳动的本质，感受劳动的魅力，锻炼劳动的意志，在贯通式的校本化劳动教育课程中初步形成尊重劳动、诚实守信、吃苦耐劳的品质。

"U"即"Used"，意为习惯于某事（劳动习惯）。学生通过各类社会实践能够逐步自觉自愿、认真负责、安全规范、坚持不懈地参与劳动，学会珍惜劳动成果，养成良好的消费习惯，杜绝浪费。

"D"即"Delight"，意为乐事（劳动情感）。学生在社会实践过程中领会

"幸福是奋斗出来的"内涵与意义,继承中华民族勤俭节约、敬业奉献的优良传统,弘扬开拓创新、砥砺奋进的时代精神。

"A"即"Ability",意为能力(劳动能力)。学生通过社会实践掌握基本的劳动知识和技能,正确使用常见的劳动工具,增强体力、智力和创造力,具备完成一定劳动任务所需要的设计能力、操作能力及团队合作能力。

"N"即"Notion",意为观念(劳动观念)。学生通过社会实践正确理解劳动是人类发展和社会进步的根本力量,认识劳动创造人、创造价值、创造财富、创造美好生活的道理,尊重劳动,尊重普通劳动者,树立劳动最光荣、劳动最崇高、劳动最伟大、劳动最美丽的思想观念。

(二)研究过程

1. 准备和启动阶段

研究团队是由一支既有德育理论研究基础,又有大量实践经验积累的成员组成的团队,汇集德育教导、学生团委、骨干班主任、教学能手等。他们中既有上海市优青人才,又有长宁区德育学科带头人,在实际工作中既有大量的实践经验积累,又有较深入的理论思考。此外,学校聘请各方面的德育专家进行培训和指导,这些都为课题的研究提供了切实的帮助,创造了良好的条件。在课题立项的基础上,课题组结合学校的特色与实际,设计了系统的课题实施方案,对课题的整体设计做了进一步的可行性论证,完善课题研究方案和实施计划,初步确立研究思路和研究方法。

2. 研究与实践阶段

首先,课题组通过问卷、座谈、访谈等多种方式,主要从学生角度,了解目前学校在开展志愿服务及职业体验等实践课程中存在的主要问题,并着重寻找对应路径;了解学生对于志愿服务的实际需求,如实践内容、评价方式、实践安排等,为志愿服务与劳动教育导向的衔接提供依据。其次,立足于志愿服务现状、存在的问题,以及学生对于志愿服务、职业体验等社会实践活动的需求等,聚焦以社会实践为载体的劳动教育课程研究,系统地探索适合学生的实践地点与内容,拓展适合各学段学生的多样多元的市、区级实践基地和项目,满足学生多样化的需求,推动学生全面可持续发展。再次,立足学校自身特色,通过梳理、修订各类社会实践的活动方案,形成方案集,并建立匹配志愿服务的运行机制,充分发挥劳动教育的育人实效,以推动课题的持续深入开展和长效发展。

3. 结题阶段

在充分且深入的调查整理后,全面总结课题研究过程,完成课题研究报告、调研报告、课程教案集等;同时,确定课题研究成果的进一步实践运用以及后续如何开展延伸研究。

(三)研究成果

通过问卷调查分析,全面了解学校学生关于社会实践与劳动教育的认识情况并定位培养方向。在劳动教育转型背景下,以高中社会实践为载体,开展深入的理论研究和实践探索,并进行归纳总结,形成科学而具实效的研究成果,逐级深化对学生综合素质培养,系统化提升劳动育人的内涵与品质,引导学生实现知识与价值、理论与实践的统一,落实立德树人的根本任务,促进学生真正健康成长、全面发展。

1. 分析调研数据,聚焦研究核心

随着科学技术的进步和多元文化的影响,"00 后"学生的时代特点更加鲜明,学生对于劳动教育的需求也更加多样化。学校需要遵循"紧靠学生、紧贴实际"的原则,从学生的实际出发,以培养德智体美劳全面发展的社会主义建设者和接班人为根本目的,开展劳动教育。学校就相关内容开展问卷调研和师生访谈,探究高中生社会实践现状,了解学生的实际需求,并进行归因分析。

根据调查结果,结合已有的社会实践调查结果,进一步深入分析和归纳总结,主要得出以下几点结论。第一,中学生对劳动教育的认可度高,学生参与各类劳动教育课程的意愿强烈。参与劳动教育能够促进学生的全面发展,提升学生的综合素养,帮助学生了解社会实际、培养劳动习惯、拓宽知识面、发展个性等。第二,中学生尤其青睐职业体验类社会实践项目。无论是现阶段还是进入大学之后,学生都很期望参与职业体验类社会实践,而这方面可以和劳动教育课程有机结合,创新劳动教育课程的形式。

第三,中学生逐渐聚焦提升劳动素养。随着学段逐步升高,中学生的综合能力逐步提升,学生更希望在劳动教育课程中丰富知识、锻炼素质、增长才干,提升自身劳动素养,为实现自身的人生价值积累丰富的经验,促进自身的全面发展。

基于上述分析与结论,在后续的研究与实践中,有以下几点改进与提升之处:一是进一步将社会实践与劳动教育紧密结合;二是进一步开拓以社会实践为载体的劳动教育课程;三是进一步扩大调查研究范围。

2. 架构顶层设计,引领课程建设

在聚焦核心问题的基础上,立足于学生的实际需求,学校积极丰富劳动教育的内涵,在各类社会实践中渗透劳动教育;积极与校外实践基地沟通协调,开拓多元多样的市、区级实践基地;组织学生参与力所能及的生产劳动、新型服务型劳动,并体验现代科技条件下劳动实践新形态、新方式。为满足多样化的劳动实践需求,学校充分利用校内资源,将校内资源与校内各类特色课程有机结合,进一步深化劳动教育的形式和内容;前期实地走访调研,深入了解各个社会实践点,精心遴选实践岗位,并从活动周期到人员安排都做了大量的前期准备,力求满足学生的不同需求,最大化地发挥每一位学生的长处,并让学生对劳动教育有更全面的价值认识。

学校借助自身优势,依托复旦大学的引领,联合上海市复旦中学基础教育集团,积极开拓社会实践项目及资源,实现高中社会实践项目"纵向衔接、横向贯通、分层递进、螺旋上升"的格局。在此背景下,课题组基于问卷调研结果,通过对高中社会实践活动的观察和动态调整,根据不同年级学生的认知特点和规律,对社会实践项目及资源不断进行丰富和优化,将学校过往积累的社会实践项目进行有机整合,贯彻落实一脉相承的德育培养目标和培养任务,切实提升社会实践的育人实效,架构起具有复旦特色的"3(N+X)"劳动教育课程体系(即 3 个培养阶段,结合 N 项校内综合实践特色专题课程,贯通 X 类校外社会实践活动)。

在此体系的推进过程中,形成了丰富多样的劳动教育课程教案、数字平台、微视频资源库以及学生成果,多方位打通育人途径。(见图 6-7)

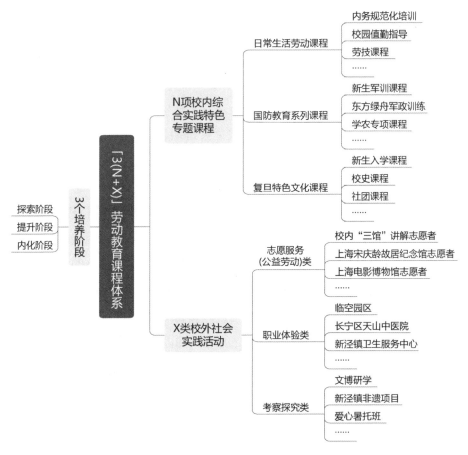

图 6-7　"3(N+X)"劳动教育课程体系

3. 依托社会实践,创新劳动教育

在"3(N+X)"劳动教育课程体系中,N项校内综合实践特色专题课程主要有三类。

第一类是日常生活劳动课程。本课程涉及三方面内容。(1)寄宿制学校内务规范化培训。因封闭的住宿生活,学生必须学会在远离家长的呵护下独立自主生活,共同创设寝室文化。(2)流动制校园值勤指导。在未保教师与团委教师共同带领下,班级同学分工定岗定责完成一周值勤工作,强化责任意识。(3)学校保证劳动技术课程的课时,保障学生课堂理论的学习;劳动教育与教学学科结合,激发跨学科劳动教育更大效能;依托与复旦大学哲学学院合作的哲学拓展课,借助辩证法、循环论证等重要的哲学方法,将劳动的定义、劳动的意义、人们对于劳动的观念等重要的哲学问题,以理性思辨的方式传递给学生,渗透劳动教育理念。

第二类是国防教育系列课程。国防教育作为一种实践性很强的培育形式,能让青少年学习相关国防知识,感受严明纪律并历练不畏艰难的吃苦精神。如东方绿舟国防教育课程、校内国防教育课程等。

第三类是复旦特色文化课程。在上海市复旦中学厚重的文化历史底蕴的基础上,学校设置了针对不同学段的文化主题课程。如新生入学课程中涉及校团委学生会招新、校内志愿服务等,系统性、阶段性地开设党团课程、社团课程、心理讲座和生涯规划讲座等。

在"3(N+X)"劳动教育课程体系中,X类校外社会实践活动主要有三类。

第一类是志愿服务(公益劳动)类。志愿服务(公益劳动)类校外社会实践活动多以场馆类服务性岗位为主。如校内"三馆"(马相伯纪念馆、校史馆、图书馆),上海宋庆龄故居纪念馆,上海电影博物馆,钱学森图书馆,街道图书馆等场馆内的各类志愿者岗位。学生在基础性工作中熟练掌握必要的劳动知识和技能,磨炼意志品质,体会劳动的深刻意义;在平凡的岗位上进行创造性劳动,具备主动服务他人、服务社会的情怀。

第二类是职业体验类。通过职业体验类服务,学生在实际工作岗位上体验各类职业角色,获得对职业生活的真切理解。如在临空园区(上影虹桥临空国际影城、虹桥国际会议中心),长宁区天山中医院,新泾镇卫生服务中心等地体验各类职业角色。在体验的过程中,学生生涯规划和职业选择的能力得到提升,树立劳动自立的意识,确立人生志向。

第三类是考察探究类。在新时代要求下,综合实践活动依托各类特色项目进行创新性劳动教育,引导学生传承中华优秀传统文化,勇于实践创新,弘扬劳动精神,体会辛勤劳动的成就感。如新泾镇非遗项目、新泾镇创新屋项目、爱心暑托班、青博会等。

基于已梳理的社会实践活动,学校在劳动教育课程开发过程中发现,校内特色专题式课程以及校外社会实践活动中诸多内涵要素与劳动教育培养目标不谋而合,并能够在社会实践的基础上进一步创新劳动教育模式(详见附录四:上海市复旦中学社会实践课程与劳动教育课程类比表)。

新时代劳动教育课程不局限于体力劳动,更注重创新性的脑力劳动。尤其针对高中阶段学生,学校在丰富多样的社会实践基础上激发劳动教育内涵力量,更深层地通过劳动教育课程磨炼学生个人意志;积极引导学生在此过程中弘扬劳动精神,提高劳动素养,形成良好的劳动习惯和积极的劳动态度,明白"生活靠劳动创造,人生也靠劳动创造"的道理;培养学生的创新精神和能力,养成尊重劳动的思想品德,帮助学生形成健全的人格,为终身发展和人生幸福奠定基础。

4. 健全评价机制,赋能育人实效

学校注重以激励机制提升学生参与劳动课程的积极性与主动性,提倡教师和学生共同评价。评价主体多元、评价标准多元、评价内容与方式多元可以避免教师评价唯一、终极结果唯一的情况。

评价的方式有以下几种。(1)自评和互评相结合。以学生自我评价为主,重视学生通过反思评价进行自我调整、自我改进。教师要鼓励学生主动对自己和他人的活动经历做出评价并和他人讨论所开展的活动。(2)日常观察与成果展示相结合。为每一个学生设置综合实践"活动档案袋",在教师指导下,学生自己整理、存放,以便深入了解和肯定自己的能力,并能与他人分享探索的成果、体会以及进步的喜悦。(3)教师评价与实践基地有关人员的评价相结合。在适当时候以适当方式让家长和社会有关方面参与评价,让他们更多、更全面地了解孩子和综合实践课程,既有利于拓展课程资源,又有利于学生的全面发展。

评价的具体操作方式有:自我阐述、交流讨论、观察记录、档案袋、评语、成果展示、调查问卷、实际操作等。评价结果可作为各级各类评优的重要依据。

考核评价机制是加强和改进劳动教育的重要手段。学校通过不同方式、不同路径收集学生在实践中的相关信息,对过程和效果作出一定的价值判断。在评价过程中,教师注重客观公正、实事求是,采用过程性、个性化、多元化的评价方式,根据完成学时数、基地教师评价、学生互评、学校教师评价、课题研究报告、获奖情况等方面进行综合评价,并根据评价结果提出改进与提高的方法,发挥评价的诊断、反馈和指导功能,形成劳动教育评价表。(见表6-1、6-2、6-3)

表6-1　学生校内劳动评价表

姓　名				班　级		
劳动时间			地　点			
劳动内容	自我评价					同学互评
	劳动能力	劳动习惯/品质	劳动观念	劳动情感		
劳动收获						
教师简评						

注:劳动能力、劳动习惯/品质、劳动观念、劳动情感、同学互评的评价等级为好、较好、一般、需努力。

国际视野下的学生社会实践及其一体化研究

表6‑2 学生校外劳动评价表

姓 名				班 级		
劳动时间			地点(单位)			
劳动内容	自我评价					同学互评
	劳动能力	劳动习惯/品质	劳动观念		劳动情感	
劳动收获						
教师简评						
社会评价	(盖章) 年 月 日				评分 (等第)	

注:劳动能力、劳动习惯/品质、劳动观念、劳动情感、同学互评的评价等级为好、较好、一般、需努力。

表6‑3 学生家庭劳动评价表

姓 名			班 级		
劳动内容	劳动时间	劳动能力	劳动习惯/品质	劳动观念	劳动情感

100

续　表

劳动内容	劳动时间	劳动能力	劳动习惯/品质	劳动观念	劳动情感
家长评价	家长签名　　　年　　月　　日				评分（等第）

注：劳动能力、劳动习惯/品质、劳动观念、劳动情感的评价等级为好、较好、一般、需努力。

（四）研究成效

基于新时代劳动教育转型背景，探究以高中社会实践为载体的劳动教育及其运行机制，将理论与实践相结合，推动学生劳动体验、劳动技能、劳动智慧、劳动品质及劳动情感的全面渗透和创新发展，形成可借鉴、可推广的做法。

1. 丰富劳动教育资源

以社会实践为载体的劳动教育课程需要不断拓展劳动实践场所，满足学生多样化的劳动实践需求。学校借助家校合作、与兄弟学校合作等多途径不断开发社会资源。例如在家委会的支持下，学生可以在社会实践岗位进行职业体验；在复旦基础教育联盟的引领下，复旦学子走出上海，前往香港、台湾等地区以及澳大利亚等国家进行友好学校交流，培育学生探索与发现的志趣；每年暑假，学生前往重庆复旦中学、台湾复旦高级中学、香港香岛中学等学校及其劳动基地进行交流互访,溯本求源。复旦基础教育联盟的互动与合作,增强学生对复旦文化的理解和认同,贯通各校社会实践项目,深化劳动教育内涵。

2. 创新劳动教育模式

以社会实践为载体创新高中劳动教育模式。针对高中阶段学生的特点,学校在丰富多样的社会实践基础上激发劳动教育内涵力量,更深层地通过劳动教育课程培养学生的创新精神和能力,启发学生智慧,帮助学生形成健全的人格,为学生终身发展和人生幸福奠定基础。例如学校开辟"三馆讲解志愿者"的社会实践项目,组织高中生为包括复旦大学、上海市复旦初级中学、上海市长宁区复旦小学等在内的参观师生进行马相伯纪念馆、校史馆和图书馆的讲解,深化复旦人对复旦光辉历史、发展历程和文化积淀的认识与理解,激发复旦人对于复旦品牌的认同感和自豪感,实现复旦文化的传承与弘扬。课题组以上海市复旦中学为蓝本深入研究,着力开展贴近高中学生生活、衔接不同学段社会实践的项目,对应劳动教育目标,铺就浓厚的劳动教育底色。

3. 打造劳动教育品牌

学校深刻认识到区域发展与学校发展息息相关,时刻关注区域发展,努力推进长宁区校际交流互鉴。作为上海市劳动教育特色学校,学校基于自身特色与优势资源,加强社会实践这项重要育人活动的整体思考与设计,推动劳动教育课程的长效发展,避免了现阶段社会实践开展过程中简单重复、资源浪费、教育断层等情况,为其他学校劳动教育的实施提供可复制、可推广的经验。学校依托劳动教育课题,不断增进了与各级各类中学和大学的交流与合作,实现教育资源利用的效益最大化,发挥示范引领与品牌辐射的作用。学校还进一步将以社会实践为载体的劳动教育推上数字平台,有利于区域性拓展。学校定期开展校际之间的综合实践展示活动,不仅为学生提供了交流学习的机会,也锻炼了学生的策划、组织与表现能力。学校将继续探索和拓展多元多样的实践基地,完善实践项目,让创新型劳动教育得到真正的落实,打造劳动教育品牌并辐射区域发展,为区域发展贡献复旦的智慧和力量。

4. 培育"F-U-D-A-N"青年

开展社会实践与劳动教育都是全面贯彻党的教育方针的根本要求,是加强和改进未成年人思想道德建设的重要举措,是实施素质教育的关键环节,是贯彻课程改革要求、实现课内外有效衔接、促进学生健康全面发展的基本途径。在以社会实践为载体的劳动教育课程推进过程中,学生通过各类社会实践培养了良好的劳动习惯和勤俭节约、敬业奉献的劳动情感,认识了劳动的本质;在贯通式的校本化劳动教育课程中,学生初步形成了尊重劳动、诚实守信、吃苦耐劳的劳动品质,掌握了基本的劳动知识和技能,具备了一定的劳动能力,正确理解了劳动是人类发展和社会进步的根本力量,牢固了"劳动最光荣"的思想观念。学校"劳"以笃志,"动"以润心,培育新时代"F-U-D-A-N"青年。

四、五育融合视域下,完善志愿服务(公益劳动)创新机制的实践探究

党的二十大报告把教育、科技、人才单独成章进行布局,吹响了加快建设教育强国的号角。2023年5月29日,习近平总书记在第二十届中央政治局第五次集体学习时强调,建设教育强国,是全面建成社会主义现代化强国的战略先导,是实现高水平科技自立自强的重要支撑,是促进全体人民共同富裕的有效途径,是以中国式现代化全面推进中华民族伟大复兴的基础工程。而五育融合旨在全面发展素质教育,更好地促进学生全面而有个性的发展。五育融合已成为新时代中国基础教育变革与发展的基本趋势,也是推进教育强国的重要举措之一。

学校将志愿服务(公益劳动)作为五育融合的重要抓手,坚持"思想引领、有机融入、实践体验、拓展创新"的实施理念,从基地遴选、课程研发、运行管理、评价激励四个方面创新志愿服务(公益劳动)运行机制,在区域学校中起到了引领示范作用。

志愿服务(公益劳动)作为新时代育人的重要途径,与五育融合存在密切的内在关联,二者既是指引与被指引的关系,又是促进与被促进的关系。其

中,劳动教育在五育中处于基础性、全局性、渗透性地位,是立德树人的底层逻辑,具有树德、增智、强体、育美的综合育人价值。上海市复旦中学完善志愿服务(公益劳动)创新机制,以提升劳动育人实效为基础,促进学生德育、智育、体育、美育的共同发展,落实立德树人根本任务,有利于学生真正健康成长、全面发展,同时,有助于推进教育高质量发展,建设质量一流的活力教育,为教育强国贡献新思路与新举措。

(一)立足实际需求,完善基地遴选机制

随着科学技术的进步和多元文化的影响,"00后学生"的时代特点更加鲜明,学生对于志愿服务(公益劳动)的需求也更加多样化。学校立足学生实际需求,完善基地遴选机制,激发学生的热情与兴趣,进一步发挥五育融合实效。

1. 开展调研,确立遴选标准

就志愿服务(公益劳动)相关内容开展问卷调研和师生访谈,探究高中生志愿服务(公益劳动)现状,了解学生实际需求,主要得出以下几点结论:第一,中学生对于志愿服务(公益劳动)的认可度较高;第二,中学生尤其青睐职业体验类志愿服务(公益劳动);第三,中学生逐渐聚焦提升综合素养。依据学生的实际需求和五育融合的相关要求,确立志愿服务(公益劳动)基地遴选标准,确保基地遴选的规范化与标准化,主要有以下几条标准:第一,适合高中生以集体形式开展志愿服务(公益劳动),如爱国主义教育基地、文体场馆、福利院、企事业单位、学生社区实践指导站等;第二,要落实责任主体,配备教育专员等相关人员;第三,有一定数量适合高中生特点的志愿服务(公益劳动)岗位;第四,有安全保障。

2. 内外结合,开拓实践基地

在开拓实践基地的过程中,依据遴选标准,遵循"紧靠学生、紧贴实际、紧跟时代"的原则,以培养德智体美劳全面发展的社会主义建设者和接班人为根本目的。同时,为满足多样化的实践需求,促进高中生全面发展,学校充分利用校内、校外资源,开拓多元多样的市、区级实践基地,从活动周期到人员安排进行大量的前期准备。截至目前,学校已与近20个校外基地长效共建,形成了场馆服务、职业体验、考察探究三大类基地菜单。

3. 实地走访,挖掘基地内涵

为了更好地将五育融合理念融入志愿服务(公益劳动),学校前期实地走访、调研,积极与校外实践基地沟通协调,深入了解各个基地,挖掘志愿服务(公益劳动)的资源与内涵,精心遴选岗位,力求最大化地发挥每一位学生的所长,让学生在志愿服务(公益劳动)的过程中激发劳动教育的内涵,并进一步实现以劳树德、以劳增智、以劳强体、以劳育美、以劳创新,全面提升高中生综合素养。

(二)立足全面发展,完善课程研发机制

遵循知其然、信其道、践其行的认知发展规律,完善志愿服务(公益劳动)课程研发机制,真正把促进学生全面发展的目标落到实处。

1. 优化志愿服务(公益劳动)课程目标

立足五育融合理念,进一步优化志愿服务(公益劳动)课程目标,明确育人目标和方向。(1)树德:通过志愿服务(公益劳动)牢固"劳动最光荣、劳动最崇高、劳动最伟大、劳动最美丽"的思想观念,实现思想境界的提升、道德品质的熏陶、文明习惯的养成,进一步坚定理想信念。(2)增智:在志愿服务(公益劳动)中提升专业知识和技能水平,应用并迁移所学知识,明确学习目标,激发学习动力。(3)强体:在志愿服务(公益劳动)中加强吃苦耐劳、坚持不懈的品质锤炼,增强体魄,主动作为,积极行动,真正做到知行合一。(4)育美:通过志愿服务(公益劳动)学会发现美、欣赏美、感受美、创造美和传播美,提高审美情趣和艺术涵养,培育并激发美好、高尚的情感。(5)爱劳:在志愿服务(公益劳动)中形成良好的劳动习惯和积极的劳动态度,提高劳动素养,弘扬劳动精神,培育创新精神和实践能力,实现劳动创新。

综上,志愿服务(公益劳动)有助于促进学生知识与能力、课堂与社会、践行与智慧的有机融合,提升综合素养,形成健全人格,为终身发展和人生幸福奠基。

2. 梳理志愿服务(公益劳动)课程序列

学校开拓了形式多样的志愿服务(公益劳动)岗位,以劳育为基础,融入德育、智育、体育、美育,促进学生全面发展。经过汇总梳理,根据志愿服务的工作内容,志愿服务(公益劳动)岗位主要分为三类。第一类,场馆服务类,多以服务性岗位为主。鼓励学生在平凡的岗位上进行创造性劳动,在基础性工作中熟练掌握必要的劳动知识和技能,磨炼意志品质,培养主动服务他人、服务社会的情怀。第二类,职业体验类。学生在实际工作岗位上体认各类职业角色,获得对职业生活的真切理解,发现自己的专长,培养职业兴趣,确立人生志向,提升生涯规划和职业选择的能力,树立劳动自立的意识。第三类,综合探究类。依托各类特色创新项目,引导学生实践探究,传承中华优秀传统文化,勇于创新创造,甘于奉献牺牲,体会创造性劳动的成就感。

(三)立足实践育人,完善运行管理机制

在开展志愿服务(公益劳动)的过程中,学校不断完善实践育人机制,基本形成了"学校统筹、学生自主、基地合作、家长协作"的运行管理机制,见图6-8。

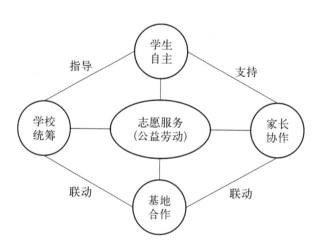

图6-8 志愿服务(公益劳动)运行管理机制

1. 注重学校统筹,完善组织管理机制

第一,学校要统筹规划,把高中生志愿服务(公益劳动)纳入学校整体工作进行全盘考虑,建立强有力的领导体制。第二,学校要制定方案,结合实际情况,在尊重学生意愿的基础上,统一管理,统筹安排。第三,学校要重视实践基地建设,加强合作。

2. 注重以生为本,坚持学生自主选择机制

在启动环节,学校将相关的岗位信息包括岗位具体要求、人数、地点、学时等向学生公布,并编制《上海市复旦中学学生社会实践指导手册》。学生可以根据自身情况和需求,选择合适的志愿服务(公益劳动)岗位。同时,学校组织岗前培训,比如对专业知识、注意事项、文明礼仪等进行指导。在具体实施过程中,学校做到过程性的管理,见图6-9。

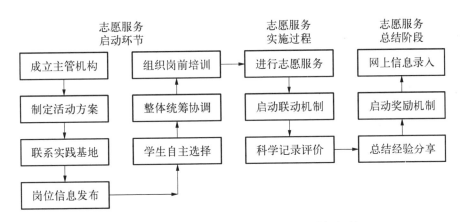

图6-9　志愿服务(公益劳动)学生自主选择机制

3. 注重合作联动,形成"三联动两必须四反馈"长效机制

"三联动"是指:(1)学校与社会实践点联动,明确双方的职责、要求等;(2)学校德育处、团委教师,班主任与场馆负责教师联动,第一时间掌握学生的志愿服务情况;(3)学生、班主任、场馆负责教师和工作人员联动,及时沟通志愿服务情况。"两必须"是指:(1)行政负责教师必须走访社会实践点;(2)班主任必须走访、电话联系社会实践点。"四反馈"是指:(1)负责学生每天向班主任反馈;(2)班主任每周向年级组长反馈,同时向家长反馈;(3)年级组长每周向学校德育处、团委反馈;(4)学校行政向社会实践点反馈。

4. 注重制度建设,健全多种保障机制

第一,政策保障。学校制定相关文件、规定及相关配套措施,做到社会实

践活动的规范、统一,如《上海市复旦中学志愿服务(公益劳动)学生须知》保证志愿服务(公益劳动)工作的有序开展。第二,经费保障。学校加大对志愿服务(公益劳动)的投入,设立专项经费。第三,人员保障。在志愿服务(公益劳动)中,充分调动全体教师的积极性,不单单局限于班主任,更要发挥全体导师的作用。将教师参与指导学生志愿服务纳入班主任考核奖励、综合素质评价专项奖励、社会实践专项奖励等,确保每一项学生志愿服务活动都有专业教师、管理人员参与。此外,学校注重发挥家校合力的作用,通过家长学校、家委会、家长会等途径,宣传志愿服务(公益劳动)的重要性,解读相关的文件,并通过问卷调查了解家长的相关资源,不断开拓实践项目。

(四)立足综合素养,完善评价激励机制

1. 落实多元评价,注重激励表扬

评价机制是加强和改进志愿服务(公益劳动)的重要手段。学校根据实际情况不断优化完善评价机制,确保五育融合视域下的志愿服务(公益劳动)有序开展,长效发展,也为区域内其他学校提供一定参考。学校注重以激励机制提升学生参与志愿服务(公益劳动)的积极性与主动性,结合综合素质评价,通过不同方式、不同路径收集学生志愿服务(公益劳动)的信息,及时将学生的志愿服务(公益劳动)学时记录在博雅网上,对学生志愿服务的过程和效果作出一定的价值判断,以评价提升五育融合视域下的志愿服务(公益劳动)实效。此外,提倡评价主体多元、评价标准多元、评价内容与方式多元,采用自评和互评相结合,日常观察与成果展示相结合,教师评价与家长、社区有关人员的评价相结合的形式。在评价过程中,及时总结经验,更好地发挥评价的导向性作用,以促进志愿服务(公益劳动)课程健康有序地开展。评价结果也可以作为各级各类评优的重要依据。

2. 注重课题引领,促进知行合一

学校鼓励学生结合志愿服务(公益劳动)开展课题研究,并配备教师对每个课题组进行指导、把关,有助于强化学生的创新思维、协作能力、自主学习和解决问题的综合能力,实现知识与能力、课堂与社会、践行与智慧的有机结合,提升学生的综合素养。学校每年组织各部门和指导教师对学生开展的社会实践课题进行评审,同时,开展优秀课题的汇报与展示,每年均有多名学生在各级各类赛事中斩获佳绩。

3. 强化宣传辐射,树立榜样典型

线上线下有机结合、同步推广,采用多途径、多方法、多载体的宣传方式展现学生风采,推动示范辐射。通过榜样正能量的激励,鼓励更多的学生积极主动、自觉高效地投入到志愿服务(公益劳动)中去。

五育融合是贯彻党的教育方针的具体体现,是落实立德树人根本任务的重要举措,是实现为党育人、为国育才的重要保障,对高中生志愿服务(公益劳动)提出了更高的要求,促使其顺应新形势,做出新改变。

(1) 以劳树德

学生在志愿服务(公益劳动)中不仅体验劳动的喜悦,还形成劳动最光荣的理念,接受爱党爱国爱民教育,感受党的伟大、国家的强盛和以人民为中心的情怀,传播社会主义核心价值观和文明新风尚,坚定理想信念,在潜移默化中提升道德素养。如学生担任"初心"宣讲团成员,为校内外师生进行马相伯纪念馆、校史馆和图书馆的讲解,深化复旦人对复旦的光辉历史、发展历程和文化积淀的认识与理解,激发复旦人对复旦品牌的认同感和自豪感,实现复旦文化的传承与弘扬。学生在凝聚力工程博物馆担任引导员和讲解员,追"凝聚力"之源,走"凝聚力"之路,感悟双"四百"精神,宣传"凝聚力"精神,体悟党和国家的发展与成就,铸牢理想信念。

(2) 以劳增智

在志愿服务(公益劳动)中,学生的学习不再局限于课堂和书本,而是以更多样的途径提升专业知识与技能水平,将所学知识进行迁移与应用,同时增长见识,提升知识储备。如在天山中医院进行志愿服务的学生从事叫号、分药、选药、搓药丸、测量血压、记录脉搏、为病人贴膏药等工作,在亲身体验各类医务工作的过程中,他们学习了医学知识,提升了责任感与实践能力。在虹桥国际会议中心,志愿者们除了承担会务准备、现场会议协助等工作,还可以亲身参与各类会议与培训,了解金融、医疗、人事等方面的专业知识。

（3）以劳强体

学校以志愿服务（公益劳动）为契机，激励学生走出校门、走进社会，将体力劳动和脑力劳动有机结合，主动作为、积极行动，强身健体、锤炼体魄，磨砺意志品质、促进知行合一。在上海国际马拉松系列赛事的志愿工作中，志愿者们早上 5:30 之前就要到达比赛地点，开启一系列准备工作，如搬运物资、摆放物品、分类整理等。此外，他们还要在烈日下为运动员呐喊鼓掌，随着人潮的涌入迅速分发水、食物以及辅助发放奖牌等，全程保持站立，手举酸了、脚站疼了、腰弯累了、嗓子喊破了，甚至来不及喝水和上洗手间，这样的经历不仅让他们沉浸式感受运动的魅力，更是对他们意志品质的考验，让学生深刻领会"团结、服务、牺牲"的复旦精神。

（4）以劳育美

将志愿服务（公益劳动）作为发现美、欣赏美、创造美、传播美的一种途径，提升审美情趣，同时感受"赠人玫瑰，手留余香"的美，感受被人需要的美，让身心与情感得以升华。比如，在上海宋庆龄故居纪念馆担任讲解员的学生主动了解宋庆龄奋斗的一生，在追随伟人足迹的同时，更是以自己的绵薄之力将宋庆龄精神传扬给更多的人，成为文化的传播者与传承者，其美好、高尚的情感得以激发。同时，学生积极参与上海宋庆龄故居纪念馆举办的"创·故居"文创产品设计大赛，将自己在故居的实践体验转化为蕴含独特思想的创意实物，如书签、明信片等，并获得最佳创意奖、最受欢迎奖等。这是寻求美、创造美的过程，培养学生的创造性与审美观念，让学生亲身感受到劳动可以创造物质财富和精神财富，更是创造美好生活的源泉。

（5）以劳创新

时代在变，社会在变，劳动的内涵也在变，因此，学校的劳动教育需要应时而变。学校以志愿服务（公益劳动）为抓手，引导学生在躬身实践中培养劳动习惯，提升劳动素养，培育创新精神和创造能力，实现劳动创新。例如参与新泾镇创新屋项目的学生第一次使用电锯、打磨机等工具将废旧木板改造成创新环保纸巾盒，进行个性化设计，他们在掌握劳动技能的同时，树立了创新意识和环保意识。

后续,学校还将在以下几方面进行深入探究：在基地遴选方面,用好"社会大课堂",延展五育融合空间,丰富实践育人形式,强化社会群体对志愿服务(公益劳动)的重视程度,形成育人合力;在课程研发方面,进一步开拓并创新志愿服务(公益劳动)项目,引导学生在实践中尚修德、善学习、强体魄、会审美、爱劳动;在运行管理方面,注重在志愿服务(公益劳动)中培育高中生的自主性,进一步推进家校社联动育人;在评价激励方面,聚焦长宁教育数字化转型,依托数字基座开展数字化评价,助推教育现代化。

第七章

社会实践及其一体化育人案例

星星之火 可以燎原

——复旦人与"上海五四第一钟"

熊文博

一、案例背景

2019 年是五四运动一百周年,2021 年是建党百年,2022 年是建团百年。习近平总书记在纪念五四运动 100 周年大会上的重要讲话中鲜明指出,"五四运动是中国旧民主主义革命走向新民主主义革命的转折点,在近代以来中华民族追求民族独立和发展进步的历史进程中具有里程碑意义","新时代中国青年要继续发扬五四精神,以实现中华民族伟大复兴为己任,不辜负党的期望、人民期待、民族重托,不辜负我们这个伟大时代"。因此,作为教师,我们要对学生进行以五四运动为主题的爱国主义教育,不负党和人民的重托。

二、学情分析

在初中历史学习过程中,学生已经简单接触过五四运动的相关基础知识,但并没有构建五四运动、马克思主义传播、中国共产党成立、国共合作等知识的一体化联系,特别是大部分学生并不知道上海市复旦中学与五四运动有直接的联系且留下了浓墨重彩的一笔。相比于其他年龄段的学生,高一学生课堂活跃性较强,思辨能力较强,具备个性化的思考方式,思维比较发散。

三、育人目标

1. 通过讲述复旦校园历史及创校先贤邵力子先生的生平经历,追忆五四运动的发展过程,感受五四时期思想观念的变革对中国革命的重要影响。

2. 通过厘清五四运动与中国共产党成立的关系,感悟中国共产党人革命理想的坚定与坚守。

四、育人资源

上海市复旦中学华山路校区的五四钟亭、马相伯纪念馆、力学堂、登辉堂(校史馆)等历史文化建筑。

五、过程与方法

（一）实施过程

1. 组织学生阅读《博雅颂》《寻梦复旦园》《复旦志》等学校相关校史著作,特别要求学生在阅读过程中整理邵力子先生与五四运动直接相关的重要校史人物资料。

2. 指导学生参与编写红色读物,采用较为活泼生动的呈现方式,充满生活气息地介绍复旦历史上为党和国家作出重要贡献的历史人物。该读物分成两个篇章,第一篇章介绍复旦历史上著名的共产党人,包括邵力子、陈望道、竺可桢等;第二篇章介绍校友中为革命牺牲的烈士,如陈复、费巩、黄君珏等。希望通过直接参与,更好地培养学生的爱国主义精神,让学生对"四史"和复旦校史的密切联系有更加直观和深切的体悟,从而发愤图强,积极地投身到新时代中国特色社会主义事业的建设中来。

3. 组织学生集体观摩"重温百年五四第一钟声"主题纪念活动。2019 年

5月6日8点30分,上海市复旦中学校园内的"五四上海第一钟"再次敲响,复旦大学和上海市复旦中学的师生们共同举行主题纪念活动。在活动中,复旦大学新闻学院游天航和上海市复旦中学吴雨欣两位学子深情朗诵《复旦之门》。随后两校师生在嘹亮的《中国共产主义青年团团歌》声中,用青春拥抱新时代,用激情唱响新未来。在聆听了复旦大学校史专家、上海市复旦中学博雅教育导师团团长周桂发和上海市复旦中学教师联袂主讲的思政课《"五四精神"激荡新青年 复旦学子奋进新时代》后,以翁琛潇为代表的复旦学子纷纷表示新时代中国青年要继续发扬五四精神,以实现中华民族伟大复兴为己任,不辜负党的期望、人民期待、民族重托,不辜负我们这个伟大的时代。复旦的历史和文化本就由复旦这一品牌下的各个学校共同传承,通过集体观摩此类活动,凝聚共识,培养学生对复旦的热爱之情,感悟复旦人曾经为祖国的发展和建设作出的突出贡献。

4. 教师授课《复旦人与"上海五四第一钟"》。(1)教师总体介绍。反帝反封建历史使命的驱动与巴黎和会外交惨败的刺激,点燃了五四青年,特别是复旦师生的爱国热情,进而彻底激发国人的爱国之志,开启了新民主主义革命征程,为中国共产党的成立做了思想上、组织上的准备。(2)学生对话引出五四运动这一主题。(3)学生和教师一起回顾事件发展的过程和结果。(4)教师讲述"复旦才子"罗家伦对五四运动的突出贡献。师生以问答的形式从整体上讲述五四运动的过程和意义。(5)教师讲述五四运动在上海,并以复旦校园内的五四钟亭为契机,讲解复旦人在上海五四运动中的贡献。(6)通过邵力子先生在五四运动后的事迹讲述五四运动对马克思主义传播和中国共产党成立的伟大意义。(7)通过上海"五四第一钟"失而复得的故事,培养学生爱国爱校的情怀,为祖国建设树立崇高理想。

5. 组织学生开展升旗仪式。以五四运动和上海"五四第一钟"为主线,组织学生开展主题为"庆祝建党百年 致敬复旦先贤"的升旗仪式。升旗仪式主要分为三个板块。第一板块,制作视频介绍复旦先贤邵力子先生。视频以"绘画+描述"的形式介绍了邵力子先生在五四运动中的引领作用,为学生们展示了这位老人革命爱国的一面。第二板块,中华经典诵读环节。通过两首

《卜算子·咏梅》的诵读、赏析和对比,突出毛主席威武不屈的精神和革命到底的乐观主义精神,学生们声情并茂的演绎极富感染力,完美表达了诗词的意境。第三板块,学生们用毛泽东名言的英语版本"We are the world, we are the future"来激励年轻的一代传承先辈,不忘初心,砥砺前行。

6. 组织学生以德育学子讲堂的形式呈现五四运动对复旦师生的突出贡献。

（二）特色做法

1. 通过挖掘校史故事,引入创校先贤邵力子先生的经历,激发学生的学习兴趣。

2. 通过情景剧的表演,生活化地展现爱国者们的精神情怀和崇高境界,在相同的空间感悟一百多年前激情燃烧的岁月。

3. 通过主题升旗仪式和学子讲堂,学生将之前各个环节学习到的相关党史、校史知识以及复旦红色文化以丰富多彩的形式展现出来,在校园中形成浓烈的爱国主义氛围。

六、成效与展望

实践育人的教学环节起到了还原历史情境、生动再现历史场景的效果,更好地形成爱国主义教育的浓厚氛围。校史与新民主主义革命史有机结合,激发了学生对"五四第一钟"来龙去脉的兴趣,加深了学生对五四运动这段历史的切身感悟。今后还可以利用复旦历史上其他的红色资源,例如利用校史中为中国革命作出贡献的共产党员、革命烈士,更好地培养学生爱党、爱国的精神品质;可以结合校内其他资源,比如马相伯纪念馆、登辉堂（校史馆）等,形成多角度、多层次的聚合效应,给予学生更广阔的历史视野,从宏观的角度探究新民主主义的革命历史;可以对学生进行相关培训,让四史教育、爱国主义教育的氛围更加浓烈。

此外,在开展实践育人的过程中,笔者也指导学生结合学校各项活动进一步提高自身的综合实践能力。为落实立德树人的根本任务,探索高中育人方式的转变,培养有志于服务国家重大战略需求、具有浓厚哲学兴趣和专业志向的拔尖学生,上海市复旦中学与复旦大学哲学学院共建的长宁区复旦中学哲学教育基地于 2021 年 2 月 24 日正式签约挂牌,这标志着大中学合作共同探索一体化人才培养机制迈出重要一步。笔者作为上海市复旦中学的指导教师,全程参与了哲学教育基地的创建工作。2021 年 7 月 11 日,由复旦大学哲学学院主办、上海市复旦中学承办的"第三届复旦大学中学生暑期哲学课堂"在复旦大学开幕,来自全国各地近 70 所中学的 150 名中学生汇聚复旦大学和上海市复旦中学。本次活动以"为学与成人——儒家哲学智慧探秘"为主题,通过开展主题讲座、原著阅读、通识讲座、分组讨论、论文写作和中学生论坛等系列活动,进一步创新了教育理念和方式,展现了哲学特色课堂的教育品质,为中学生树立正确的价值观和人生观。在活动中,笔者指导的龚哲涵、宋聪涵和焦奕嘉分别获得优秀论文二等奖和三等奖。参加活动的十多名上海市复旦中学学生在与哲学进行深入对话的同时,也与来自全国的知心朋友们进行了友好交流。一名参加活动的学生发出了如下感慨:"我们更加清晰地认识自己、洞察时代,并邂逅历史与民族的未来。通过哲院老师生动的讲述,一幅幅人类思想图景在我们眼前展开,我们在哲学思辨中生发出对哲学的终身热爱。哲院构建的哲学之思,会成为我们永远的精神家园。"

厚植家国情怀 培育红色传人
——上海市复旦中学马相伯纪念馆实践育人

仲 莉

一、案例背景

上海市复旦中学马相伯纪念馆,向世人全景地展示了一位中国近代伟人,一位宗教家、政治家、教育家,复旦奠基人马相伯的生平事迹及与之关联的重要人物和史实。2021 年 9 月,上海市复旦中学马相伯纪念馆被评为上海市长宁区爱国主义教育基地。

作为上海市复旦中学独特的场馆资源,马相伯纪念馆是传承学校红色基因的重要阵地,是用好红色资源、赓续红色血脉的实体空间。它不仅呈现了复旦的历史发展脉络,还代表着中华民族精神的独特标识,记载着革命时期的感人事迹,承载着党的光荣历史。

二、学情分析

复旦学子自入学之时就接受专门的校史教育,同时,学校给每位学生发放校本教材《寻梦复旦园》,有利于学生深入学习校史。《寻梦复旦园》主要以学校发展历史中的各个阶段为主线,而马相伯纪念馆则呈现了学校发展史中的创校先贤、杰出校友、院士和烈士。因此,利用马相伯纪念馆开展校史教育和红色教育,能够让学生感受到更加深刻的革命情怀,坚定理想信念,这对于培育红色传人具有十分重要的意义。

三、育人目标

1. 充分利用和挖掘马相伯纪念馆中的红色资源和红色文化,弘扬学校精神,厚植爱国情怀,帮助学生树立正确的世界观、人生观、价值观;帮助学生树立正确的理想信念;帮助学生铭记过去,把握现在,憧憬未来。

2. 通过给学生讲述校史故事和红色故事,带领学生走进红色场馆,亲身感受学校文化的魅力与激情,进一步激发学生对学校文化的热情与兴趣,更加认真地学习与吸收学校红色文化,并在生活中践行与弘扬。

四、育人资源

场馆资源、相关视频资源、微课资源、相关校史类书籍。

五、过程与方法

（一）实施过程

1. 组织学生有序参观

要发挥马相伯纪念馆作为红色文化场馆传播红色文化的功能,就要让学生拥有体验红色文化的途径,因此,学校定期组织学生有序参观马相伯纪念馆。由于马相伯纪念馆位于上海市复旦中学华山路校区,而新入学的高一学子在上海市复旦中学淞虹路校区学习,为了给学生提供参观机会,学校利用每学年第一学期在华山路校区开展运动会的契机,组织学生进行参观。为了让学生更加详尽地了解复旦发展史上的杰出人物,学校还配备了专门的教师讲解志愿者和学生讲解志愿者。

在参观马相伯纪念馆之前,各班的班主任会简单地介绍马相伯纪念馆的历史背景,让学生有一定的了解;或让学生查阅相关的资料,做一些"预习"工作,如此便会使得学生更好地参观马相伯纪念馆。

2. 组织学生志愿者培训

为了让学生传承学校红色基因,学校组建复旦"初心"讲解志愿者团队,团队的成员既有教师,也有学生。学校定期为学生志愿者开展培训,通过宣讲或实地模拟讲解的方式,让学生更好地讲党史、讲校史,真正成为红色文化的宣讲者和传播者。例如,由史地组邬晓敏老师为上海市复旦中学校级党章学习小组成员与复旦初中、复旦小学的学生代表开展马相伯纪念馆讲解志愿者的培训。培训中,邬老师为大家介绍了马相伯先生的生平,并通过与学生们的提问互动,介绍了讲解员的意义、规范礼仪以及讲解技巧等;还通过 VR影像全景展示了马相伯纪念馆中的场景和展品。虽然学生们还未亲临马相伯纪念馆,但邬老师的讲解配合 VR影像,让在座的师生亦有身临其境之感。通过培训,渗透校史文化,志愿者们深刻领悟马相伯先生无私奉献、坚韧不拔的精神。

"初心"讲解志愿者不仅仅是参加一项志愿服务活动,更是复旦文化的传承。复旦一代又一代青年人也将接过接力棒,秉承着"团结、服务、牺牲"的复旦精神,讲好校史故事,传承红色基因。一名优秀的讲解志愿者应当具备良好的综合素养,对馆内的展品了解透彻,并具有良好的语言表达能力,善于沟通交流、随机应变。在邬老师的亲身示范与指导下,东西校区跃跃欲试的几名学生出色地完成了模拟讲解。由此,同学们深刻体会到了讲解志愿者的不易,也对未来的讲解工作充满期待!

第二党支部书记仲莉老师围绕"红色故事宣讲员如何做好宣讲工作",为志愿者们开展培训。仲老师从讲解的准备工作、讲解员的素养提升、对红色宣讲员的新定位三个方面展开。学生们要出色地完成讲解工作,需要一定的内涵积累,包括内容的深度、知识的广度、思想的高度、故事的温度,因此需要做好充分的准备。结合马相伯纪念馆,学生们需要开展的准备工作有两个方面。一是深入了解背景资料,做到理清脉络,条理清晰。为了使得讲解顺利流畅,学生们需要提前学习校史知识,理清学校发展的历史脉络,保证讲解时条理清晰、详略得当。马相伯纪念馆最重要的一部分内容就是相伯本纪,在讲解中关于马相伯老先生的生平需要结合一些重要事件,马相伯毁家兴学就可以详细介绍。此外,马相伯纪念馆主要以人物为主,可以选择重点介绍某位人物,例如邵力子、李登辉等等;或者对于学校党总支正在梳理的复旦历史上的共产党人和英烈,学生们可根据自己的兴趣选取部分人物重点介绍,从而进行延伸和补充。二是对讲解稿件的"再加工"。马相伯纪念馆目前已经有比较完整的讲解稿,那么志愿者们需要做的准备就是认真学习讲解稿,梳理稿件,尽量做到:(1)内容熟悉,尽量背稿,表述专业;(2)把握讲解的重点和亮点,紧扣主旨;(3)如有问题,随时记录,随时查询。红色宣讲员是红色基因的坚定传承者、红色故事的精彩讲述者、红色精神的生动诠释者和红色文化的忠实传播者。通过仲老师的分享,学生们对红色故事宣讲员的工作及其必备的素养有了进一步的了解。作为宣讲员,要有知识的广度、思想的高度,从而才能够为参观者带来更有价值内涵的讲解。

从不同角度开展的志愿者培训,有利于学生们开阔视野,更深入地了解学校历史,为马相伯纪念馆的实地讲解工作打下良好的基础。

3. 将学科课程与红色资源相融合

在学校的思政课、历史课或主题教育课上,马相伯纪念馆中的人物或历史事件也是珍贵的育人素材,例如1919年5月6日,邵子力先生带领复旦学子敲响"五四第一钟",响应北京五四运动。教师可以在课堂上深入分析这一历史事件的重要意义,还可以组织学生进行情境编写和演绎,强化红色资源的育人效果。

（二）特色做法

1. 开发红色场馆课程

为更好地利用马相伯纪念馆中的红色资源,学校党总支不仅注重红色资源的开发利用,而且注重红色课程的构建,从显性到隐性,从物质到精神,从知识到文化,从输入到浸润,努力拓展红色场馆课程的广度和深度,不断提升红色场馆课程的育人功能和效果。在学校党总支的组织下,教师围绕马相伯纪念馆中的人物,包括复旦历史上的共产党人和英烈,录制特色党史系列微课,形成红色场馆系列课程,让复旦学子在参观和担任红色场馆志愿者的同时,能够更直观地了解红色故事,传承红色血脉。

2. 建立小初高一体化的学生宣讲团队伍

学校不仅组织本校师生担任复旦宣讲员,还联合复旦中学基础教育集团的复旦小学、复旦初中师生,开展范围更广的宣讲员学习课程,形成复旦"初心"宣讲团。教师鼓励学生演绎红色故事,感受创校先贤和英烈的英雄事迹,增强教育学习的感染力,提升红色宣讲的实效性。

六、成效与展望

随着互联网、智能手机的发展,网络已经成为学生接收信息的重要手段,红色场馆资源的开发和利用应该大范围地运用新媒体手段对学生开展教育。运用新媒体进行传播教育,可以吸引学生的兴趣;将新媒体与传统的方式相结合,线上线下共同发力,双管齐下,齐肩并进,能够更加有效地提升红色场馆的教育实效。

党的十八大以来,习近平总书记多次指出,要把红色场馆资源利用好、把红色传统发扬好、把红色基因传承好。红色场馆是一种独具中国特色的优质教育场馆,具有政治性、体验性、包容性等特点。正如习近平总书记所说:"要抓好青少年学习教育,着力讲好党的故事、革命的故事、英雄的故事,厚植爱党、爱国、爱社会主义的情感,让红色基因、革命薪火代代传承。"我们需要正确认识和无比珍惜先辈们留给我们的这份宝贵财富,用好红色场馆,让学生从中汲取正能量,成长为红色基因的传承者与发扬者。

研学求真　逐梦光华

——"文博研学"践行活动

邬晓敏

一、案例背景

"文博研学"践行活动是上海市复旦中学一体化综合实践项目的重要组成部分。学校自 2011 年起开展"文博研学",学生在复旦大学教师和学校教师的指导下,走出校园,探寻社会历史文化,开展课题研究。至今,复旦师生的研学足迹涉及上海、西安、洛阳、北京、井冈山、重庆、台湾、香港等地。

2020 年受疫情影响,学校在不离沪的前提下,推出一系列适合高中生的研学实践活动。为了保证社会实践活动的完整性和体验性,学校依据一体化社会实践运行机制,在市内选取了符合高中生兴趣爱好、认知水平以及研究能力的三大主题场馆,设计并开展社会实践活动,引导学生真正践行"博学而笃志,切问而近思"的复旦校训,实现知识与能力、课堂与社会、践行与智慧的有机结合。

二、学情分析

本次"文博研学"践行活动的参与对象主要由部分新高二学生组成。经过一年的高中学习和住宿生活,新高二学生有了一定的基础知识和课题研究能力,同学之间也有了一定了解,能建立较好的合作基础。学生队伍中有团委学生干部以及各班的先进个人,他们具有探究精神,对课题研究有一定的兴趣。基于以上学情,在研学过程中,教师需要给予一定的理论指导和更多的发展空间;在主题式场馆探索过程中,教师需要更大程度地激发学生的求知欲和实践能力,并且在小组分工合作的探究过程中充分发挥每个学生的优势,展现其个性特点。

三、育人目标

1. 通过参观上海市第一中级人民法院、观摩刑事案件庭审、与法官进行交流、"小法官网上行"活动分享,引导学生切身感受到人民法院近年来发生的深刻变化,沉浸式学习法治文化。

2. 通过参观上海航天创新创业中心和上海信息大楼智慧生活体验馆,观看展览,了解航天知识;通过观看高科技展示和互动体验,帮助学生更深入了解前沿技术。

3. 通过参观上海纺织博物馆,了解上海纺织的发展;通过参观共产党宣言展示馆(陈望道旧居),了解《共产党宣言》背后的故事,引导学生感受上海历史与红色文化的内涵,体悟红色精神,深化爱国情怀。

四、育人资源

上海市第一中级人民法院(虹桥路 1200 号)、上海航天创新创业中心(元江路 3883 号)、上海信息大楼智慧生活体验馆(世纪大道 211 号)、共产党宣言展示馆(国福路 51 号)、上海纺织博物馆(澳门路 150 号)。

五、过程与方法

(一)实施过程

本次"文博研学"践行活动总共 3 天,分别以"法治篇""科技篇""历史篇"三大研究主题开展社会实践活动。

1. 主题一:法治篇

法治教育是新时代教育的一项重要且艰巨的任务。让学生接受民主和守法的教育,懂得履行社会主义公民的权利和义务,增强法治观念,养成自觉遵守法律的行为习惯,是德育的内容之一。

因此,研学队伍的第一站来到上海市第一中级人民法院,在工作人员的带领下,学生们参观上海市第一中级人民法院,了解法院日常工作流程。对立志考法学的学生来说,这是一次难得的体验,不仅有机会观摩刑事案件庭审,还可以就案件或法学相关的问题与法官进行交流。实地参观后,研学队伍通过聆听有关宪法、民法典的主题报告对法学理论知识有了进一步的了解;通过"小法官网上行"活动,小组之间互相分享学习体验与心得;在与法官、法官助理面对面交流和小组讨论的过程中逐渐清晰并拟定了小组研究方向。

2. 主题二：科技篇

习近平总书记多次强调科技强国对于国家综合竞争力的重要性。作为首要强国目标,科技发展是建设社会主义现代化强国的基础和核心,在建设强国的系统工程中发挥着决定性作用。新时代青年科技强国教育必须深刻把握时域与方位,在百年未有之大变局中因时而进、因势而新,实现与时代发展同频共振、与新的科技革命挑战合拍呼应,进而筑牢新时代青年科技强国教育的共同思想价值基础。以这种价值为指向,引导青少年做科技强国战略的坚定支持者与率先践行者。

在此背景下,第二站科技篇对于爱好航天工程、信息技术、前沿科技发展的学生来说颇具吸引力。学生队伍上午来到上海航天创新创业中心参观,观看科技展览,了解航天知识,下午转站到上海信息大楼智慧生活体验馆参观,观看高科技展示,进行互动体验,在工作人员的讲解中进一步了解我国前沿技术的发展情况。

3. 主题三：历史篇

"欲知大道,必先为史。"党史、新中国史、改革开放史、社会主义发展史是中国共产党百年来带领中国人民和中华民族的奋斗史。高中生正处于世界观、人生观、价值观形成的关键时期,肩负着实现中华民族伟大复兴的历史重任,"四史"教育正当其时,将"四史"教育融入综合实践,能坚定学生的理想信念,促进学生的发展。

研学队伍来到第三站历史篇,通过实践体验形成价值导向,培养学生以史鉴今、知史懂史、明史爱国。学生队伍上午来到共产党宣言展示馆(陈望道旧居),由复旦大学研究生带领学生队伍参观陈望道旧居,并为大家讲解《共产党宣言》背后的故事,感受真理的味道。在与复旦大学的学姐、学长的交流过程中,上海市复旦中学的学生们更深入地了解了复旦历史与文化,潜移默化中赓续复旦一体化教育理念,传承复旦百年红色精神。下午,学生队伍来到上海纺织博物馆参观,这里是原上海申新纺织第九厂旧址,学生身临其境地了解上海纺织的历史发展,并在上海纺织史的缩影中透视中国历史。在历史长河中,复旦学子总能找到吸引自己的碎片,并展开交流讨论,在思维火花的碰撞中相互学习。

（二）特色做法

1. 精选场馆,形成主题研学活动

在德育一体化背景下,根据学生需求,学校在罗列了市内适合学生进行研学活动的场馆后,进行归类挑选,进而形成"法治篇""科技篇""历史篇"三大主题研学活动。在不同的主题中,学生参观对应场馆,沉浸式学习相关知识。纵向方面,有复旦大学引领,横向方面,有长宁区友好单位支持,给复旦学子提供了学习和实践的平台,让学生了解法治思想、科技前沿以及党史文化。主题式研学活动能够更有针对性地满足学生不同研究方向的需求,给学生提供更多的选择空间。

2. 交流互动,营造研究学习氛围

在研学活动中,穿插小组同学之间的交流互动、与复旦学长的沟通访谈以及专业人士的答疑解惑;在互动环节,学生们分享所看所想,营造开放自由的研讨氛围,进一步激活研究学习活动。学生们通过分享场馆中感兴趣的图片、新增长的知识面、小组拟定的研究主题以及研究计划等形式进行交流互评,进一步深化研究学习的感悟与体会,提升实践育人的成效。

3. 实践探究,提升学生综合素养

在研学活动中,学校与场馆合作进一步优化学生研学路线。在相关专业人士、学校教师以及复旦学长的指导下,学生们积极参与实践活动并进行研究性学习。研学活动结束后,小组成员按拟定的研究计划进行素材搜集以及研究报告的撰写,并制作相关微信推文,分享活动心得,此过程全方位提升学生的实践能力、研究能力以及合作协调能力。

六、成效与展望

在主题式研学活动中,针对学生不同需求和研究方向,学校给学生提供了全面的场馆资源和线上资源,更有效地贯彻落实综合素质评价,促进学生全面发展,系统化提升实践育人的内涵与品质,这也为学校之后的"文博研学"践行活动提供了新思路:在地方性资源的开发上更深层次地进行挖掘,进一步推动学校"文博研学"践行活动形式的多样化和综合实践活动的长效发展。

在本次"文博研学"践行活动后,小组通过所搜集的材料以及当下热点进行思考并撰写研究报告。学生们思维活跃,呈现的报告主题鲜明、内容充实,颇具自己的想法,形成了多样化的研究报告,例如《从法律层面浅析直播带货的问题》《浅析刑事责任年龄之下调》《浅析20世纪末至今版权意识沿革》《浅析我国纺织业发展特点》《5G移动通信技术下的互联网时代》《负离子纺织品开发现状调查研究及其存在的问题分析》《石库门对上海文化的影响》《上海租界的双重特性研究》等。其中,陈鋆同学的《基于亲子关系的校园欺凌防治研究》选取长宁区高中生为研究对象,以亲子关系为研究切入点,采取问卷法和访谈调查法,分析了高中生对于校园欺凌现象的看法和观点。面对繁杂的统计工作,他表现得很细致、有耐心,对调查数据的分析较准确,结论较为合理,表述完整;他撰写的研究性学习报告充分展现了自己较好的研究性学习能力,并获得了第36届青少年科技创新大赛三等奖。雍歆珏同学的《基于安卓的饮食设计菜谱搜索软件设计》的研究特色在于将菜谱搜索的关键词进行细化,添加了菜品所需的原料及数量、用户个人口味、菜系等关键词检索设计,依据用户过去在软件内的搜索内容与偏好推荐菜谱内容。该研究报告凭借食材消耗与购入量便于用户管理家中的食物储备的特点,获得了第36届青少年科技创新大赛三等奖。

在社会实践活动后,学生们感触颇深,傅雨捷同学说道:"我们要感谢老师的悉心指导,课题从头至尾都少不了老师点明思路,协助修改问卷及论文。同时,我们也由衷感谢所有接受此次课题研究的调查对象,为研究的开展打下基础。此外,父母也十分支持我们,给予了力所能及的帮助。"宋聪涵同学说道:"三天的'文博研学'践行活动意犹未尽,不同的主题让我每天都非常期待。我比较感兴趣的是历史篇,参观陈望道故居,重温复旦人与党史的渊源,不仅大饱眼福,还让我能有机会与复旦大学的学长交流学习,收获颇丰。"在此次尝试后,"文博研学"践行活动将进一步开发更多种类的探究体验,不仅旨在锻炼学生各方面的能力,而且希望能作为学生的支撑,给他们提供更大的平台,让复旦学子开阔眼界、提高站位、打开格局,为培养新时代青年打下坚实的基础。

云相聚 乐实践 促成长
——复旦学子"云"实践

褚伊玲

一、案例背景

从 2014 年起,社会实践就被列入学生综合素质评价,参与社会实践已经成为学生的必修课。然而,在居家学习期间,学生无法外出开展社会实践,"云"实践便迎来了高光时刻。"云"实践是复旦综合实践课程的组成部分之一,学校精选各类线上社会实践资源提供给师生。结合相关资源,学生自主开展相关主题团日活动,师生足不出户便可在云端开展社会实践。

二、学情分析

上海市复旦中学的学生具有较好的自主学习能力和活动组织能力,高中生对于社会实践有较高的认可度和参与度。因此,学生可以较好地组织开展"云"实践。此外,受疫情影响,学生无法前往实地开展线下社会实践活动,长时间开展居家学习导致部分学生产生较重的学习压力与焦虑感。因此,亟须开展更丰富多样的活动以充实学生的学习生活,"云"实践就是一种很好的综合实践形式,有助于提升学生综合素养。此外,各班的团支书、班长以及团干部都具备较强的组织协调能力,能够较好地依托主题团日活动组织班级同学参与"云"实践,激发同学们的积极性。

三、育人目标

1. 通过"云"实践的形式,填补居家学习期间学生无法开展线下社会实

践的空白,丰富学生的学习生活,开阔学生的眼界见识,引导学生厚植爱国情
怀,传承优秀文化,提升科学素养。

2. 激发学生参与社会实践的积极性,引导学生充分利用线上、线下资源
开展课题研究,培养学生的创新思维、探究能力、思辨能力,促进学生知识与
能力、课堂与社会、践行与智慧的有机融合,深化综合素养培育。

3. 通过学生自主策划、自主开展、协同交流的形式,强化学生的主人翁
意识,发挥学生的主观能动性,提升学生干部的活动策划能力、组织能力与领
导力。

四、育人资源

各类社会实践基地线上资源(如微信公众号、官方网站、线上展馆、线上
展览、VR 全景等),天宫课堂直播视频等。

五、过程与方法

(一) 实施过程

1. 立足实际,精选线上实践资源

高中生对于社会实践的需求多样化,要更好地发挥"云"实践的育人实
效,应着眼于学生的实际需求与发展特点,为学生提供内容广博、形式多样的
线上实践资源。学校搜集并梳理了各类社会实践基地的线上资源,主要分为
三个篇章(见表 7-1): (1) 爱国篇,精选上海市内的红色场馆,引导学生坚定
理想信念,厚植爱国情怀,培养奋斗精神; (2) 历史篇,精选国内著名的历史
博物馆,激励学生欣赏文化瑰宝,感受千年历史,传承悠久文化; (3) 科技篇,
搜罗科技、自然、医学、航海等多方面的展馆,助力学生遨游知识海洋,探索科
技奥秘,开阔眼界见识,提升科学素养,求实创新。上述三个篇章的内容都制
作成微信推文的形式,在学校的微信公众号中发布,不仅便于师生自主选择
场馆开展"云"实践,而且便于线上资源的长效、可持续应用。此外,学校还录
制了天宫课堂的视频下发给师生,以供师生自主观摩与实践。

表7-1　社会实践基地线上资源

	爱 国 篇	历 史 篇	科 技 篇
场馆	上海宋庆龄故居纪念馆 钱学森图书馆 中共一大会址 陈云纪念馆 李白烈士故居 上海鲁迅纪念馆 上海四行仓库抗战纪念馆 上海孙中山故居纪念馆 上海韬奋纪念馆 龙华烈士陵园	故宫博物院 中国国家博物馆 上海博物馆 上海市历史博物馆 奉贤博物馆 河南博物院 陕西历史博物馆 南京博物院 浙江省博物馆 山西博物院 湖南博物院	上海科技馆 上海世博会博物馆 上海气象博物馆 上海汽车博物馆 上海纺织博物馆 上海中国航海博物馆 上海自然博物馆 上海中医药博物馆 上海电影博物馆 上海市禁毒科普教育馆

2. 以生为本,开展主题团日活动

《关于加强高中阶段"青马工程"三级培养的实施方案(试行)》指出,"青马工程"三级培养包括理想信念、爱国情怀、责任担当与奋斗精神四个板块。社会实践既是奋斗精神中的重要内容之一,又有助于坚定学生理想信念,厚植爱国情怀,提升责任担当。在校团委和班主任的指导下,各团支部以学生为主体,利用班会课时间,结合线上资源,通过班级钉钉群,以主题团日活动的形式开展"云"实践,这既给予了社会实践和团支部政治学习时间和空间上的保障,又增加了仪式感,激发学生的主观能动性,发挥团员的示范引领作用。

活动由团支书负责策划、组织并主持,其他学生干部协助。不少班级采用丰富多样的活动形式,以同学们喜闻乐见的方式增进活动的趣味性与思辨性,如观看视频、图文解读、知识竞答、导览讲解、交流互动等。在前期,团支书除了准备PPT、主持稿等材料,还需提前学习相关资源,并设计交流话题,以便更好地引导班级同学参与"云"实践,进一步提升学生干部的组织策划能力与领导力。

3. 宣传激励,发挥示范辐射作用

为了促进"云"实践开展的规范性与长效性,校团委提前下发活动的操作流程与要求,德育处、团委教师以及年级组长进入各班的钉钉群进行观摩与点评。活动结束后,各团支部按要求上交 PPT、主持稿、活动截屏或照片、学生感悟等过程性材料。各班的开展情况与材料上交情况也将作为班级考评、评优的参考依据之一。

此外,学校公众号上也会发布相关推文进行活动的回顾与推广,遴选开展较好的团支部与学生感悟进行宣传与展示。采用多途径、多方法、多载体的宣传方式展现学生"云"实践的风采,激励学生积极参与"云"实践,深化综合实践,营造良好氛围,推动示范辐射。

（二）特色做法

1. 注重仪式感,促进活动融入

将"云"实践与主题团日活动相结合。主题团日活动要求团员佩戴好团徽,并全体起立奏唱团歌,PPT 也需包含团徽、团旗等元素。虽然处于居家期间,师生、生生之间无法面对面,无法直观看到大家的行为与状态,但通过这些要求能够进一步增加活动的仪式感,激励团员严于律己,树立榜样示范作用。同时,也让全体学生重视"云"实践,更好地融入活动氛围中,提高自律性,强化自主管理能力。

2. 注重交流互动,深化感悟体会

主题团日活动不是团支书的"一言堂",而"云"实践更要打破屏幕的阻隔,为学生打开交流互动的窗口,激发思考,通过头脑风暴碰撞出思维的火花。在活动中,学生们在钉钉群中通过分享图片、文字、语音等形式进行激烈的线上讨论,进一步深化感悟与体会,体现了实践育人的成效。活动结束后,有的班级还制作了微信推文介绍班级活动的开展情况。

3. 注重实践探究,提升综合素养

将"云"实践与"进馆有益"活动相结合。"进馆有益"活动是指学生走进本市的各种场馆和实践基地,在专家和学校教师的指导下,参与研究性学习。学校梳理了多元、多维、多平台的各类社会实践场馆的资源,包含各类场馆与社会实践基地的微信公众号、官方网站、线上展馆、线上展览、VR 全景、视频等多种形式资源,为学生开展课题研究提供了丰富、权威的参考素材。学生可以组建3人以内的小组,结合各类资源撰写研究性报告。线下复学后,学校也鼓励学生们前往各场馆实地考察,将线上与线下资源有效整合。同时,每个研究小组还配备了校内教师进行课题指导。

学生完成的研究报告不仅可以申报"进馆有益",还可以参加科创大赛或作为综评网的研究报告,各班级的参与情况也作为班级团支部的考核项目之一。通过撰写研究报告,不仅能鼓励学生积极参与社会实践,还有助于提升学生的创新思维、协作能力、自主学习和解决问题的综合能力。

六、成效与展望

虽然疫情阻碍了外出的脚步,但值得庆幸的是,身处数字化时代的我们仍能通过新媒体、虚拟现实技术等在云端开展社会实践。在高中生综合素质评价背景下开展"云"实践,主要有以下几点成效,也是后续需要进一步加强的:第一,充分利用线上社会实践资源,开阔学生眼界,引导学生坚定理想信念,赓续红色血脉,传承优秀文化,提升科学素养,培养创新意识;第二,秉承"团结、服务、牺牲"的复旦精神,引导学生体会社会实践的真正内涵,实现知识与价值、理论与实践的统一,提升学生综合素养;第三,活动开展以学生为主体,提升学生干部的组织策划能力、语言表达能力、领导力等;第四,采用线上线下相结合的方式,整合多维资源,打破时间与空间的限制,丰富并创新"云"实践的资源与形式,延展社会实践边界,丰富社会实践形式,实现教育资源利用的效益最大化,有效确保社会实践长效、科学开展,系统化提升实践育人的内涵与品质。

此外,在开展实践育人的过程中,笔者也指导学生结合线上线下的实践开展课题研究。2018年,指导汪欣颖、沈文菁、包融、朱忻韵、王一诺的研究性学习报告《实践·体验·感悟——临空职业体验实践项目》获2018年"未来杯"上海市高中阶段学生社会实践项目大赛三等奖。2019年,指导阮倩楠、吴雨欣、沈瑜菲、柯黎辉、朱晟昊的研究性学习报告《融媒体背景下,移动媒介的现状与改进策略研究》获2019年"未来杯"上海市高中阶段学生社会实践项目大赛三等奖和2019年上海市复旦中学"张明为励志奖助学金"一等奖;指导陈昊骏、李好、邱元珺、严明江的研究性学习报告《石库门对上海市民文化的影响》获得 2019 年"进馆有益"征文三等奖。2021 年,指导黄翊宸、陆惠欣、康嘉妍的研究性学习报告《科学与政治——从钱学森回国之路看近期"华为事件"》和焦奕嘉、李姿苇、郑信远的研究性学习报告《"科学没有国界,但是科学家有祖国"——以钱学森为例》均推荐参与了 2021 年"未来杯"上海市高中阶段学生社会实践项目大赛和 2021 年上海中学生"进馆有益"征文比赛。在社会实践中参与课题研究,更利于激励学生在实践过程中,不仅要用双眸去发现,更要用心灵去体悟,践行"博学而笃志,切问而近思"的复旦校训。参与社会实践课题的阮倩楠同学说道:"在实践中进行学习探究,锻炼了我们的沟通交流能力,培养了责任意识和团队精神,进一步丰富了我们研究性学习经历,促进知识与能力、课堂与社会、践行与智慧的有机融合。"黄翊宸同学说道:"以社会实践为基础的课题研究形式十分新颖,不仅让我们在论文撰写以及课题研究的专业领域积累了经验,也让我们对传承中国精神有了切身体会和理解,培养了我们的实践能力、创新能力、合作能力,让我们乐在其中的同时也取得了长足的进步。"

搭桥梁　种希望　传精神

——接续·"宋庆龄班"

高　欣

一、案例背景

上海宋庆龄故居纪念馆作为市级爱国主义教育基地,历来重视社会教育功能的发挥,探索社会教育的新模式和新方法,承担着对公众进行红色教育的职责。"宋庆龄班"是上海宋庆龄故居纪念馆未成年人教育活动的品牌项目,这个项目始于 2005 年,由上海宋庆龄故居纪念馆牵头,联合周边的上海市复旦中学、南洋模范中学、市二中学、市三女中、华东模范中学等 13 所中学,在每所学校推选一个"宋庆龄班"。创建"宋庆龄班"的目的在于整合纪念馆和学校的教育资源,通过命名仪式和各类主题活动,帮助学生们走近宋庆龄、了解宋庆龄、学习宋庆龄。

上海宋庆龄故居纪念馆是我校学生社会实践的重要基地之一,学校每一届都有一个班级被推选为"宋庆龄班",承担着上海宋庆龄故居纪念馆的各类志愿服务工作。依托市级爱国主义教育基地和红色校园文化,"宋庆龄班"将纪念馆社会教育与学校教育相衔接,开展了一系列具有特色的主题教育活动,并向上海宋庆龄故居纪念馆输送优秀的学生志愿者,协助上海宋庆龄故居纪念馆更好地完成游客服务等相关工作。"宋庆龄班"在继承民族精神、弘扬民族文化、推进爱国主义教育等方面发挥着不可替代的作用。

二、学情分析

上海市复旦中学的高二(1)班是宋庆龄班,班里的学生有幸参与上海宋庆龄故居纪念馆的志愿讲解服务工作。高二阶段学生的认知能力、从陈列展览中获得信息的能力较强,都有较好的文化基础和学习水平,但对上海宋庆龄故居纪念馆的具体情况不甚了解。同时,高中生还处于世界观、人生观、价值观形成的重要时期,对场馆延伸的教育内涵和教育意义缺乏深度思考,不能充分发挥主观能动性,不能承担起对红色教育文化的传播使命。因此,在"宋庆龄班"的契机下用好红色资源,以系列教育活动拓宽学生社会实践,发扬光荣传统,赓续红色血脉。

三、育人目标

1. 以上海宋庆龄故居纪念馆为实践基地,通过参观浏览和志愿培训活动,了解宋庆龄女士的生平事迹,共同追忆宋庆龄女士,感受其伟大崇高的革命精神。

2. 以讲解员的身份承担上海宋庆龄故居纪念馆志愿讲解服务工作,锻炼学生的沟通能力、处事应变能力,并向社会大众传播宋庆龄女士的爱国主义情怀。

3. 通过云祭扫、升旗仪式等活动,引导学生从先贤的历史事迹中汲取奋勇前进的力量,构筑爱国之情,发扬复旦精神,担负起新时代青年的职责使命。

四、育人资源

线下参观培训场馆有上海宋庆龄故居纪念馆、宋庆龄陵园。线上"云"实践方式有微信公众号"上海宋庆龄故居纪念馆"(进入微信公众号后,点击"琼英留韵",有"微故事""微文物""微年代""微四季"可供选择);配套影视资源:电视纪录片《宋庆龄》。

五、过程与方法

(一)实施过程

1. 走进场馆实地参观,聆听主题宣讲

新学期开学后,通过"宋庆龄班"命名仪式,在授旗传承、集体宣誓下增强学生的认同感和荣誉感。由上海宋庆龄故居纪念馆指派一位讲解员担任该"宋庆龄班"的课外辅导员,负责上海宋庆龄故居纪念馆与"宋庆龄班"学生之间的日常联络和沟通。先由"宋庆龄班"的课外辅导员对学生进行一次主题宣讲,介绍上海宋庆龄故居纪念馆的基本情况和志愿服务内容,再由学校组织学生到上海宋庆龄故居纪念馆实地参观,加深印象。通过两次学习,"宋庆龄班"的学生对宋庆龄有了基本的了解,对这位伟人产生敬意。

2. 开展志愿讲解服务,唱响红色旋律

志愿讲解服务是"宋庆龄班"系列活动的重点所在,时间为寒假和暑假,形式为志愿服务和主题活动。每年寒暑假,上海宋庆龄故居纪念馆将从"宋庆龄班"中选拔部分优秀学生担任志愿者,经过严格的招募、培训和考核程序,以小小讲解员的身份亲临现场体验宋庆龄女士的上海生活,用自身行动传承宋庆龄精神,将宋庆龄女士的品格与精神传播给社会大众。

利用假期时间,复旦学子在上海宋庆龄故居纪念馆的三个地方留下了足迹,分别是主楼、文物馆和服务中心。主楼有迎宾岗,负责引导游客穿鞋套,将易洒的饮料置于固定的区域,为进主楼做好准备工作;巡视岗,负责在一、二楼巡视,劝导游客的不文明行为;讲解岗,在特定时间为游客介绍。文物馆的每位学生都要熟记讲解词,为游客们答疑解惑。服务中心的学生则要确保前台物品的整洁,引导人群扫码买票以提高效率。在每个岗位上都有工作人员与学生们互相配合,共同为游客们提供良好的参观体验,彰显"团结、服务、牺牲"的复旦精神。

表 7-2　上海市复旦中学暑假社会实践——上海宋庆龄故居纪念馆岗位表

岗位名称	岗位职责	人员要求
主楼服务岗	负责主楼迎宾和讲解,需掌握主楼讲解词	具有较好的表达能力和服务意识,仪容端庄,吃苦耐劳,对待游客热情耐心
文物馆讲解岗	负责文物馆讲解,需掌握文物馆讲解词	热爱历史,具有较好的表达能力,仪容端庄,面带微笑,对待游客热情耐心
景区服务岗	负责景区导览、游客服务、临展厅讲解,需掌握临展厅讲解词	吃苦耐劳,热情大方,具有较强的服务意识和一定的表达能力
助研服务岗	负责观众研究问卷调查、未成年人教育活动、实践团队后勤保障等,需指派一人为小组长	有责任心,工作细心踏实,有团队意识,热情大方,希望深入了解博物馆工作

3. 分享社会实践成果,弘扬伟人精神

结合场馆资源和社会热点,学生以小组为单位开展相关研究性课题报告的研究,以征文竞赛、情景展演、英文演讲、照片巡展等形式,在升旗仪式上向全校师生展示学习实践成果,讲述宋庆龄女士的生平事迹,再现上海宋庆龄故居纪念馆的志愿服务常态。此做法形式多样地展现学生在宋庆龄故居志愿服务过程中的所思、所感、所悟,呈现复旦学子们积极向上、无私奉献的风采,将宋庆龄精神不断弘扬传承。

(二) 特色做法

1. 寻觅"宋庆龄在上海的足迹"巡展

围绕红色资源进校园,启动"宋庆龄在上海的足迹"校园巡展会,组织学生开展校内巡展的讲解工作。前期讲解志愿者亲临上海宋庆龄故居纪念馆接受讲解培训,巡展现场设置提问互动环节,通过介绍与宋庆龄女士在上海生活及工作息息相关的 14 处地点,以点带面讲述宋庆龄女士在上海留下的足迹故事,传播宋庆龄的品质与精神。全校师生更清晰地了解宋庆龄女士的生平事迹,名人故事真正走进校园、深入人心。

2. 踏春寻迹忆先贤,迎春逐梦瞻未来

为了进一步落实立德树人根本任务,在线上,"宋庆龄班"组织清明云祭扫主题班会,抒发传递对爱国先贤的思念;在线下,"宋庆龄班"组织学生们进行清明祭扫活动,缅怀中华人民共和国名誉主席宋庆龄女士和创校先贤、爱国老人马相伯先生,引导学生铭记革命历史,激发学生爱国情感,激励学生将革命伟人的精神融入日常学习生活中,以青春之我,担时代之责。

六、成效与展望

上海市复旦中学"宋庆龄班"成立至今,在《"宋庆龄班"主题教育活动实施方案》的指导下,通过主题宣讲、主题班会、主题实践和总结表彰等各类活动,实现仪式教育、主题教育、班会教育、实践教育和成果教育。利用暑假时间,高二(1)班学生作为讲解志愿者来到上海宋庆龄故居纪念馆进行为期4天的社会实践,准时到达实践场地,合理分工、互相合作,以严谨的态度、饱满的精神开展志愿服务工作。在志愿服务过程中,他们逐渐认识到自己担负着向社会大众传播真实、可靠讲解内容的重任,不断虚心请教、丰富自己的知识储备以面对游客们各类细致的问题,践行后加以反思,交流听取意见,不断完善志愿讲解工作的各个方面。这次实践活动为学生们提供了一个教育自己、培养自己、磨炼自己的机会,为学生们认识社会、了解社会、步入社会打下了良好的基础。目前,"宋庆龄班"已培养了一大批出色的学生志愿者,为学生提供更多的志愿服务机会,丰富学生的社会经验,锻炼学生的表达能力,提升学生的综合素养,让学生在红色浸润中继承和弘扬宋庆龄精神。

"宋庆龄班"不仅是一份荣誉,更是一份责任。为探索"大中小学德育一体化",推动"三全育人"理念融入学生社会实践,引导学生在实践参访中铸魂育人,"宋庆龄班"将持续深入探访名人故居与场馆,在社会实践中用好红色资源,将学校的小课堂与社会的大课堂有机结合起来,开展更优质的主题学习活动;继续以"宣扬伟人事迹,学习伟人精神"为己任,发扬学校优势与学生特长,积极践行和大力弘扬宋庆龄的伟大精神,助力学生成为胸怀天下、勇于担当的新时代社会青年,为创造中国美好的未来不懈奋斗。

此外,在开展实践育人的过程中,笔者也指导学生结合线上线下的实践开展课题研究。2016 年,指导夏其源、朱明昊、林语嫣、谢扬帆、王婴澄、何馨语的提案报告《关于改善本市小区停车难现状的提案》获第二届上海市青少年模拟政协最佳提案奖、最佳展示奖、杰出调研报告奖。2017 年,指导张子谋、刁莹莹、张优佳、崔宇辰、罗天泽、陈宇杰的提案报告《关于推进上海小区快递绿色发展的提案》获第三届上海市青少年模拟政协最佳提案奖、杰出展示奖、杰出调研报告奖。2020 年,指导吴思睿的论文《地摊经济与创新经营》获上海市 2019—2020 年度中学生思想政治课小论文评选高中一等奖;指导罗文英、沈琳、许暄暄的研究性学习报告《分析 20 世纪末至今版权意识沿革史——以文学类版权为例》获 2020 年上海市高中生"进馆有益"征文三等奖。2021 年,指导董子安的研究性学习报告《新冠疫情对上海高中生海外留学意愿的影响——基于五所国际学校调查问卷的分析》获第 36 届上海市青少年科技创新大赛一等奖、第 36 届上海市青少年科技创新大赛"宋庆龄青少年科技创新奖"。在实践过程中,学生们不论是查阅文献资料、咨询专业教师还是进行问卷调查和课题展示,都表现出对知识的渴求,展现了高中学生的独特风采。参与社会实践课题的董子安同学说:"我在研究课题的过程中学会更深层次思考社会问题及国际问题,培养了自由之精神、独立之人格,我决定向着内心的梦想不断前进,为社会的点滴作出自己的贡献。"

爱心一夏 不负所"托"

——高中生志愿者服务融入大中小一体化实践育人

王剑婕

一、案例背景

2018 年全国教育大会上习近平总书记提出,各级各类学校要全面贯彻

党的教育方针,培养德智体美劳全面发展的社会主义建设者和接班人。这为
"全面落实立德树人根本任务,构建以社会主义核心价值观为引领的大中小
幼一体化德育体系"工作指明了方向,即新时代的教育要在全员、全过程、全
方位的大系统中进行整体思考,一体化实施;要融合德智体美劳五个方面,构
建一体化的实践育人体系。

2014 年起,共青团上海市委员会等单位开办了上海市小学生"爱心暑托
班"项目。该项目是上海市政府实事项目之一,旨在缓解全市小学生暑期"看
护难"问题,引导和帮助小学生度过一个安全、快乐、有意义的假期。本文通
过高中生志愿者服务"爱心暑托班"的实践研究,探索上海市高中学生综合素
质评价的关键表现,研究大中小一体化共育的途径和内容,实现实践育人的
教育目标。

二、学情分析

当前高中的教育活动主要以班级为单位开展,教学活动的形式以听写等
接受型为主,学业评价以书面形式为主。课堂教学中的学生讨论、创造性活
动等在时空上还不够充分,延续性也不够强。开展综合实践是学校教育的重
要组成,也更体现了时代发展的需求。

高中生能感受到时代的诸多不确定性,强烈地释放"我要自己来"的信
号,表现出很强的自主学习能力、信息搜集能力,提出了更迫切的超越知识与
技能的需求,也提出了更多适应社会生活、工作情境的核心素养养成的需求。
因此,将"爱心暑托班"的志愿服务纳入高中生的学习场域,能切实满足高中
生对更广阔的学习时空、多元化发展的需求。

三、育人目标

1. 在志愿服务中,激励小学生产生通过劳动影响、帮助他人的愿望和
行动。

2. 能在志愿服务中对同伴分工形成初步的思考,进一步发展合作能力,
提高服务他人的意识。

3. 能在辅助大学生的过程中发现劳动的意义,激励学生不断学习劳动技能。

四、育人资源

"爱心暑托班"主办方的活动支持、大学生的指导、学校教学资源的支持。

五、过程与方法

(一)实施过程

1. 资源整合,挖掘自主发展的生长点

在社区青年中心的支持下,班级学生担任了为期两周的爱心暑托班志愿者。社区已有非常成熟的服务规范和程序,学生每天穿着统一的志愿者服装,在规定时间到岗。高中生志愿者跟从大学生,学习如何引导家长签到、如何有序安排学生晨检。在社区为暑托班的小学生准备的丰富多彩的课程中,高中生志愿者也全程随班。他们首先参与擅长或感兴趣的工作活动,体会劳动的乐趣和成就感;再从暑托班的"学习者"和"教育者"两个角度进行观察、记录和思考,提出志愿服务的标准以及可以改进的方面。

2. 团队复盘,创新服务内容

高中生志愿者在一至两天的跟随式学习中,在积极服务参与暑托班的小学生的同时,培养了尊重他人劳动及劳动成果的意识。在每天活动后,志愿者学生团队需简要回顾当日流程,提出问题,讨论出集体认可的解决方法,并且付诸实践解决问题,以此培养学生的问题意识和问题解决能力。对于相对成熟的志愿服务内容,高中生志愿者通过自己的观察,以"小学生的体验更优"或"大学生的实施效果更佳"的标准提出创造性的实施方案。比如,在本次暑托班中,古诗词成了最热情四射的学习内容,这得益于志愿者们从小学生的年龄特点出发,创造性地带领小朋友们自编曲调,唱诗歌。

（二）特色做法

1. 从"跟从式学习"到"主动性服务"

在志愿服务过程中，学生们通过"轮岗"的方式，跟随大学生学习不同岗位的职责要求，更大范围地锻炼沟通能力、协调能力。对各项工作内容的了解也有利于学生敢于主动参与，在行动上人人参与劳动，人人创造价值。每天的团队讨论由一位轮值主持人发起，高中生志愿者们从自己的观察和思考中提炼出问题，共同商议，这培养了学生的自主发展能力，帮助志愿者服务从被动到主动，从他治到自治。比如，一位学生提到："午餐时间是最受期待的，当教室门一开，一群小学生夺门而出，而我们都紧张地追在后面提醒着'当心点，别跑！'，可是这句提醒似乎更加剧了小学生的游戏心理。"团队其他学生随之提出了在门口增设引导员，在休息时间设计一些游戏环节等。

2. 分工协作，发挥所长

在两周的志愿服务中，高中生志愿者们协助班级消杀、开窗通风等工作。晨检时，志愿者们分别坐在入口两侧，由两位高中生志愿者进行测温，两位高中生志愿者引导家长签到，两位高中生志愿者引导学生洗手并进入教室。午饭时，两位高中生志愿者带领小朋友洗手、引导秩序，两位高中生志愿者进行水果清洗工作，工作有序高效。

在志愿服务期间，由于学习时空的改变，产生了很多新的教育情境，比如如何与不同身份的人打交道、如何管理课堂、如何解决小朋友的突发情况等等。遇到这些突发情况，学生群体主张自主协商，主动担任角色，共同执行计划。比如每天的两节自习课是小学生完成暑假作业的时间，此时擅长讲授的学生担任了主讲老师的角色，他总是蹲在小朋友的桌椅旁，耐心地讲解。在一节党史教育课上，大学生根据小学生年龄的特点，设计了"画出自己心目中的中共一大会址"的活动环节，我们一位校级党章学习小组的高中生志愿者也主动拿起了刮画纸和竹笔，完成了自己的画作，并随后交流了自己的党史学习心得。学生们常常通过这样"外援"的方式，深度参与社会实践，在服务他人的同时真切体验到劳动创造美、创造幸福、创造未来。

六、成效与展望

班级学生在参与志愿服务后,以上门走访、个别访谈、问卷调查、资料查阅等方式随机对上海市长宁区某社区的高中生进行调查,撰写了《高中生参与志愿服务意愿的调查报告》。该报告关注并研究了高中生参与社区志愿服务的意愿。学生从自身的经历出发,将志愿服务的"意愿"和"需求"进行了对比并深刻剖析,理性探讨了高中生志愿者服务的潜在问题,提出了建议。

钱怡澄同学感言:"爱心暑托班的开展,让家长可以放心地去上班,孩子们可以有一个地方高效地学习,我们也可以借此机会锻炼自己。在五天的志愿服务中,最让我感动的是发饭和小点心时,小朋友们对我说的'谢谢老师',那一刻感觉自己真的有被需要。"韩天恒同学说:"在开始活动之前我认为这是一个很困难的工作,第一天早上面对家长签到我十分紧张,但后来我从大学生志愿者那里学到了方法,适应了工作。让我最开心的是和小朋友一起学习、吃饭,仿佛回到了小学时代。但同时这个工作也充满了挑战,要时刻把小朋友们的安全挂在心上,在这个过程中,我也培养了责任感。"

可见,"爱心暑托班"创设了以劳动实践为特征的一体化育人场景,促进了高中生道德情感、道德行为的发展。志愿服务让高中生学会正确处理个人与他人、个人与团队、个人与社会的关系,懂得责任与义务,学会通过实际行动解决问题,从而创造美好生活。在"爱心暑托班"一体化实践育人的过程中,高中生有机会向大学生学习,得到大学生的帮助,这开拓了高中生解决问题的视角。高中生在观察、引导小学生的同时,启发了自身对不同年龄段学生特点的思考,从而躬身自问,不断反省自己。

在今后的实施中,首先,要进一步顺应青少年成长发展规律,进一步落细、落小、落实社会主义核心价值观,在活动中让育德的价值产生更积极、更长远的影响。其次,师生做好活动档案的整理工作,形成校本化的教育资源。这些教育资源对后一批志愿服务的学生而言是非常符合学情的培训教程。最后,形成序列化的育人课程,挖掘高中生志愿服务的隐性教育作用。从一名被照顾者(小学生),到努力地学习"强者"(高中生志愿者),再到"强者"(大学生教师)的发展,需要开发更多的学习资源,尤其需要从校园生活中挖掘资源,形成系列课程。学生将在螺旋式上升的实践过程中,不断激发志愿精神,发现并利用好自己的力量,为将来走上社会承担更大的责任做好准备。

寻访红色足迹　赓续红色基因
——记复旦西藏学子红色践行活动

许嘉俊

一、案例背景

为全面贯彻以习近平同志为核心的党中央关于加快发展民族教育的决策部署,学校紧扣"中华民族一家亲,同心共筑中国梦"总目标,准确把握习近平总书记关于铸牢中华民族共同体意识重要论述的深刻内涵,切实融进学校教育教学的各个方面,开展丰富多彩的民族团结进步创建活动,培养合格的社会主义建设者和接班人。

党的十八大以来,以习近平同志为核心的党中央高度重视爱国主义教育,固本培元,凝心铸魂,作出一系列重要部署,推动爱国主义教育取得显著成效。当前,中国特色社会主义进入新时代,中华民族伟大复兴正处于关键时期。新时代加强爱国主义教育,对于振奋民族精神,凝聚全民族力量,决胜全面建成小康社会,夺取新时代中国特色社会主义伟大胜利,实现中华民族伟大复兴的中国梦,具有重大而深远的意义。

二、学情分析

上海市复旦中学从 2013 年招收第一届内地西藏班起,管理团队就开始了一年 365 天 24 小时的温情守候。为落实爱国主义教育在上海市复旦中学西藏班的实际落地,同时丰富西藏学子的在沪生活,学校一般在国庆、抗日战争胜利纪念日、烈士纪念日、清明节和其他重要纪念日前后开展以"寻访红色足迹,赓续红色基因"为主题的践行活动。2021 年,学校以中国共产党成立100 周年为契机,带领学生重温红色记忆,追寻红色足迹,回顾党带领广大人民群众艰苦奋斗的光辉历程,引导未成年人慎终追远、缅怀先辈,铭记革命先烈光荣事迹,倍加珍惜今天的幸福生活,不断增强热爱祖国、热爱人民、热爱中华民族的情感。

三、育人目标

1. 让学生了解中国共产党的发展历程、战斗历程,着力宣传中国共产党在中国革命和建设中的历史功绩,让学生真正领悟到"没有共产党就没有新中国,就没有中华民族的繁荣富强"的真理。

2. 为弘扬民族精神,引导学生树立远大理想信念,加强学生的中华民族优良传统教育和革命传统教育。

四、育人资源

各类爱国主义教育基地(嘉兴南湖、吴淞炮台湾湿地森林公园、上海四行仓库抗战纪念馆、浙西南革命根据地纪念馆、张闻天故居、陈云故居、苏中七战七捷纪念馆、中共一大会址等)。

五、过程与方法

(一)实施过程

1. 拟定活动方案,梳理基地资源

活动开展前,民族教育办公室管理团队会召开会议,根据活动的天数与时长、随行师生的实际情况设计活动方案。在活动方案中,明确活动主题、参与人员、行程路线、时间安排、活动过程当中所需要注意的事项等。同时,在活动方案中提及在各爱国主义教育基地开展活动的形式以及预期目标与效果,设想后期的总结、展示、汇报等相关工作。

表7-3　爱国主义教育基地资源

	上　海	江苏、浙江
场馆	中共一大会址 吴淞炮台湾湿地森林公园 陈云故居 张闻天故居 上海宋庆龄故居纪念馆 钱学森图书馆 上海四行仓库抗战纪念馆 龙华烈士陵园	嘉兴南湖 浙西南革命根据地纪念馆 苏中七战七捷纪念馆 红十三军军部旧址 侵浙日军投降仪式旧址 新四军苏浙军区革命旧址 浙东(四明山)抗日根据地旧址 南京大屠杀遇难同胞纪念馆

多年来,在西藏班学生红色践行活动的组织过程中,学校搜集并梳理了江浙沪区域各类爱国主义教育基地的资源,分为上海及周边省市。学校以三年为一周期,进行各类场馆的参观考察活动,并逐步拓展同类资源。

2. 调动学生热情,增强活动氛围

活动开始前,班主任会召开班会,对即将参观的爱国主义教育基地进行先期介绍,并由学生分享在参观过程当中最期待的关注点以及网络上的相关资源。这不仅激发学生的参观兴趣与热情,也增强了学生在爱国主义教育基地的浸润式体验。

活动过程中,诚邀爱国主义教育基地的讲解员为学生们详细介绍基地的历史与背后的故事,学生们驻足参观,神情专注,在记录本上根据自己参观过程中及之前了解的相关知识记录自己感兴趣的问题,待参观完毕后向讲解员提问。

3. 分享参观感悟,拓宽展示途径

活动结束后,班主任会再次召开班会,邀请学生代表参加分享发言会,进行感悟交流。此外,学校公众号上也会发布相关活动的介绍推文,展示活动的过程与学生心得。活动的相关文字材料与照片也会通过"微信群"等途径向家长、向社会展示学生在爱国主义教育活动中的良好风貌。

(二)特色做法

1. 定期开展红色教育

上海市复旦中学西藏班学子开展红色践行活动的频率采用"固定＋机

动"的方式。每年固定在 7 月 1 日开展上海市内的红色之旅一日践行,10 月 1 日开展周边省市红色之旅三日践行;也会结合其他相关纪念日,如抗日战争胜利纪念日、烈士纪念日等,采取机动的形式。

2. 坚持因地制宜、就近从简的原则

自 2020 年以来,学校结合疫情常态化管理的相关要求开展红色教育,充分利用市内红色资源,组织学生接受教育;在条件允许的情况下,就近选择市外适当的地点开展红色教育活动。

3. 搭建交流平台,强化感悟体会

活动过程不只是班主任或讲解员的"一家之言",更重要的是搭建学生交流互动的平台,激发学生的思考,让学生真正地参与到红色践行活动中,在爱国主义教育基地进行沉浸式的体验。通过深化交流感悟与体会,活动达到了实践育人的实效。活动结束后制作微信推文,介绍活动开展情况,同时也记录活动的教育成果。

六、成效与展望

红色文化蕴涵了党在长期领导中国革命与建设的伟大实践中所创造和积累的丰富历史经验,是开展党性教育的独特资源。开展红色教育,组织学生参观革命纪念地、纪念物、标志物等,其根本目的是引导学生学习并感受其所承载的革命历史、革命传统、革命精神,了解党和国家伟大的奋斗历程,继承革命先烈先辈艰苦奋斗、百折不挠、甘于奉献的精神,进一步坚定理想信念、发扬优良传统、永葆政治本色。

西藏学子红色践行活动成为上海市复旦中学民族教育工作的一项品牌活动,《让家国情怀在学生心里扎根——民族班爱国主义教育的实践探究》申报了内地西藏班新疆班创新案例,学生也撰写了如《江浙革命根据地历史研究》《传承红色基因》等多个相关课题的研究型学习报告。

认识自我　成就理想

——"上海电影博物馆"实践育人

沈思詠

一、案例背景

1896 年,刚刚诞生第二年的电影业从法国漂洋过海传入中国,第一站即落脚上海。西学东渐进入上海的电影产业是近代上海经济和社会生活的一个表现,电影拍摄技术和放映技术更迭的背后是近代以来中国科学技术的变迁史。电影产业的发展,更与近代中国的民族民主革命息息相关。1935 年上海电通影片公司出品的《风云儿女》,不仅在当时的社会掀起了抗日救亡的斗志,影片插曲《义勇军进行曲》还成为新中国的国歌。

上海电影博物馆通过实物展品、影像资料展示和游戏互动的方式,让参观者切身感受电影事业对于上海和中国发展的重要作用。与其说上海电影博物馆是一个科技类的实践基地,不如说它以科技赋能,是结合当代电影技术宣传和电影业背景下中国"文化自信"宣传为一体的实践场馆。

《上海市普通高中学生综合素质评价实施办法》规定,高中阶段学生志愿服务(公益劳动)不少于 60 学时(40 小时),同时在记录和评价内容、记录方法与程序、评价结果应用和组织管理保障等方面做了详细的规定。由此,志愿服务(公益劳动)成为每一个高中生的必修课,社会实践也成为学生的第二课堂。

二、学情分析

参与"上海电影博物馆"社会实践的学生有一定的历史素养,对身边的历史知识和历史文化存在一定的兴趣。从学生的兴趣爱好、知识结构、为人处世的方式来看,他们在文史哲方面的素养较高,性格外向,愿意与人接触、与人沟通,也有较好的个人修养。

三、育人目标

1. 通过社会实践,在培养使命意识的同时,提升学生的自我效能感,发掘学生自己在人际交往上的更多优势。

2. 进入上海电影博物馆,了解中国电影的发展历程与近现代上海发展、中国发展的关系,了解中国电影事业、电影人的爱国情怀,并以此作为激励,树立明确的人生目标与社会理想。

四、育人资源

上海电影博物馆展览资源(博物馆现场、微信公众号、官方网站等),中国知网关于近现代中国电影业发展史的资料。

五、过程与方法

(一)实施过程

1. 设计问题,让学生带着问题进入实践场馆

在学生选定社会实践岗位后,笔者组织报名上海电影博物馆社会实践岗位的学生单独开会。首先,会议提出社会实践的基本要求以及作为复旦学子所需要呈现的精神面貌。其次,笔者向学生提出两个问题作为社会实践的思考:(1)在上海电影博物馆社会实践的过程中,让你印象最为深刻的展品是什么?你觉得建设上海电影博物馆的意义何在?(2)在上海电影博物馆社会实践的过程中,遇到过让你印象最深的人或事是什么?

针对第一个问题,学生在进行社会实践前必须浏览上海电影博物馆的官方网站。这样做一方面可以让学生对上海电影博物馆产生兴趣,从而激发对社会实践服务的期待;另一方面学生也能提前熟悉上海电影博物馆的环境,以便更好地参与到社会实践服务中。第二个问题本质上是一个任务驱动型问题,这使得学生不得不在社会实践的过程中主动观察、主动参与、主动服务。这一问题后来也成为学生积极投入社会实践的助推器。

2. 实践体验，在场馆中寻找收获

在进入上海电影博物馆进行社会实践的第一天，学生被安排到三楼"译制经典""动画长廊"区域以及四楼"星光大道"区域。这两个区域的互动体验性很强，学生与参观者交流的机会比较多。另外，译制片和动画片恰恰也是上海电影的两大特色，所以在这些区域进行社会实践，学生能感受到上海电影业发展强大之所在。

在"译制经典"区域，学生引导参观者体验电影配音以及各种仿声设备，同时在配音体验区指导游客体验定格动画的制作；在"动画长廊"区域，学生引导参观者体验各个不同动画主题的游戏设备；在"星光大道"区域，学生引导参观者开展沉浸式体验，回顾过往上海场景；在四楼的游戏区，学生与来往游客互动，寻找隐藏在展馆中的彩蛋。

3. 讨论分享，共享社会实践的经历

开学第一次班会课的内容是学生社会实践活动心得的交流，参与上海电影博物馆社会实践的学生根据笔者事先布置的两个问题和社会实践的体会，展开了自己的分享。

有的学生从自己带领儿童参观者进行游戏体验的过程中找到了乐趣，在班主任的指导下，提升了自己的沟通能力和社交能力；有的学生从自己参与的"译制经典""动画长廊"区域的工作中发现，译制片和动画片正是陪伴父母辈和自己两代人成长的。上海美术片大都取材于中国经典故事，经典动画片、手绘稿、展陈柜震撼到了学生，学生从中体会到中国动画人的刻苦钻研。有的学生从自己看到的展品出发，结合上海电影博物馆的地理位置和上海电影业的发展史，阐述建设上海电影博物馆的意义，由此说明电影业和上海历史、中国历史的关系。此时，笔者从"文化自信"的角度出发，提出只有坚持从历史走向未来，从延续民族文化血脉中开拓前进，我们才能做好今天的事业。

（二）特色做法

1. 因班制宜，从兴趣中寻求成长

上海电影博物馆虽然是一个科技类的场馆，但是其背后隐含的文化内涵是值得挖掘的。学生选修历史，对文史哲又非常感兴趣，博物馆势必会成为学生喜爱的资源。因此,在挖掘场馆的过程中,笔者并未从"科技"的视角出发,而是从"电影史"的角度出发,让学生将自己的兴趣或特长作为社会实践的出发点,这样学生愿意参与实践,并乐意从中收获成长,为大学阶段从理论知识的系统性和理论探究的深刻性两方面认识世界打下坚实的基础。

2. 共同参与,实现大中小一体化

上海电影博物馆中的志愿者不仅有高中生,还有大学生,中学生可以学习大学生的志愿服务精神以及开展工作的方式方法。在"动画长廊"区域中的游戏体验区内,游览者以小学生为主,大学生志愿者和中学生志愿者带着小学生进行游戏体验,让小学生感受到中学生与大学生的志愿服务精神。此外,通过中学生志愿者与大学生志愿者的合作,也能助力彼此成长。

3. 任务驱动,带着思考投入实践

在选择社会实践岗位的过程中,因为学生很少会从自己的兴趣、爱好或者成就目标出发,所以教师在学生选定社会实践岗位以后会给学生设置一些问题。这些问题的实质就是任务,就是为学生社会实践提供思考方向。学生在实践并完成任务的过程中,可以成就自己,收获成长,并且能更好地认识自我。

4. 交流碰撞,在分享中体验成就

开学后的班会是交流碰撞的最好契机。笔者通过班会课请学生总结、分享其社会实践的收获,是让学生通过班会课这个平台梳理自己社会实践获得的成果。表达和分享也是教育契机。在教师的指导、点拨下,学生在表达的过程中体会到成就感,在生生互动、师生互动中发现更好的自己,并探寻更明确的目标。同时,未参加上海电影博物馆社会实践的学生也能从同伴的分享中得到一些收获。

六、成效与展望

从本次社会实践的成效看,学生的确有较大的收获。后续,从社会实践对学生未来发展的影响看,班主任在设计社会实践活动时还要做如下调整。

第一,班主任对于学生德育培养的理念要根据学生的实际情况做到三年贯通及与学生人生规划贯通。在德育理念三年贯通的基础上,将社会实践活动作为三年德育工作,甚至学生整个学习生涯的一个重要环节。第二,班主任要提早对社会实践场馆进行了解。班主任在安排社会实践岗位之前,需对社会实践的场馆深入了解,以此探索从哪些方面将该社会实践场馆作为育人的工具,不局限于一两个方面。第三,发挥学生的主观能动性。在学生选择社会实践场馆前,班主任需要根据德育理念和学生的实际情况引导学生思考社会实践的价值需求,让学生根据自己的价值需求选择社会实践点。

此外,在开展实践育人的过程中,笔者也指导学生结合线上线下的实践,开展课题研究,包括个人和小组等多种形式。如 2013 年带领新高一学生去西安进行"文博研学",指导周小华同学撰写《从秦兵马俑看秦时的审美情趣》,指导张经纬同学撰写《秦俑的秘密》,指导曾寅佳同学撰写《西安的中华老字号——民族品牌的文化》。当时新高一的学生,能够在教师的指导下尝试开展调查,并完成一篇篇课题报告,着实是一大进步。2014 年带领学生去井冈山"文博研学",指导还梦迪、邵俊豪、杜铭远、朱彤、钱晓悦同学撰写《口述史——探究农村发展所带来的变化》,指导程金烨、吕弋銎、费雪旖、江训斌、徐子瑞同学撰写《初探袁文才与王佐之死》。这是学生进高中后第一次以小组的形式撰写规范的课题报告,也是第一次进行口述史的采访,更是第一次下农村。通过开展课题研究,学生初步学会了历史研究的方式方法。2015年带领新高一学生去复旦大学"文博研学",指导 16 名学生撰写个人课题报告。2016 年带领新高二学生去西安"文博研学",指导黄奕航、张佳莹、孙吉璇、夏其源、江楠、林欣易、朱勋磊同学撰写《从秦兵马俑看秦朝人的生死观》,学生体会到要进行课题研究光凭"走马观花般地看"显然是不足的。2019 年带领新高二学生去重庆"文博研学",指导陈依依、李春秋、高欣怡、杨骏飞、沈逸舟同学撰写《想象的李子坝:重庆城市意象的建构与感知》。这次是笔者第一次与复旦大学新闻学院的本科生共同指导学生撰写课题报告,学生收获到了新闻专业的本科生的专业化指导。

依托职业体验 提升非认知能力

——复旦学子参与"临空职业体验"活动

周 洁

一、案例背景

高中阶段不仅是学生生涯发展的关键时期,也是学生认知能力以及非认知能力提升的重要时期。非认知能力,是本世纪人才竞争的核心能力,也是世界范围培育学生核心素养的重要内容,对学生个体的学业表现、未来的职业成就和身心健康都影响甚大。非认知能力在学术界未有明确定义,不同领域的学者对其关注的侧重点有所不同。本文以大五人格结构模型中的尽责性(包含认真、勤奋、自律等),宜人性(包含信任、宽容等)作为非认知能力的衡量标准。

2019 年 6 月国务院办公厅印发《关于新时代推进普通高中育人方式改革的指导意见》(国办发〔2019〕29 号)指出,普通高中要明确指导机构,建立专兼结合的指导教师队伍,通过学科教学渗透、开设指导课程、举办专题讲座、开展职业体验等对学生进行指导。这些指导能帮助学生树立理想信念,正确认识自我,更好地适应高中学习生活,处理好个人兴趣特长与国家、社会需求的关系。上海新高考"两依据、一参考"构架,也把对学生的职业规划能力、团队合作能力、社会责任意识等方面的关注提升到新的高度。

学校组织的"临空职业体验"活动有助于培育学生的非认知能力,在高中阶段有着重要的意义,需要教育人士引起更多的关注。

二、学情分析

上海市复旦中学的学生执行能力强,对待学业和工作都具有一定的责任心、耐心。学生对于社会实践活动有热情,特别愿意参与像临空职业体验、天山中医院职业体验等活动,对工作内容有好奇心,愿意深入了解,并投身其中。

三、育人目标

1. 通过开展职业体验活动,走进职业,明确职业任务,设立实践中的职业目标。

2. 通过与职业人士沟通交流,了解该职业的工作要求和必备能力,并在实践过程中充分感受非认知能力在工作中的重要性。

3. 在职业体验活动后,分析在活动中的收获与反思,促进自我成长,并能更好地投入到后续学习和社会实践活动中。

四、育人资源

社会实践点提供岗位资源,如临空电影院提供总负责人、场务、卖品部销售等岗位,临空培训中心提供会务专员岗位。在职业体验活动中也配有专人指导岗位工作。

五、过程与方法

(一)实施过程

1. 鼓励学生自主组团,有计划地参与职业体验活动

临空电影院的实践岗位有 3 个,工作任务各不相同,学生根据自己对岗位的兴趣自主组团并在团队中认领适合自己的岗位,充分调动积极性,并基于自己的岗位任务(见下表 7-4),提前为自己设定适当的岗位目标,制定岗位计划,在前期充分做好社会实践活动的准备工作。

表 7-4 临空电影院实践岗位及任务要求

岗　位	任　务
总负责人	跟随值班经理处理岗位协调等工作
场务	学习放电影、发眼镜等工作
卖品部销售	进行卖品部销售等工作

临空培训中心的工作岗位为会务专员,学生通过培训明晰自己的岗位要求,也为自己设定岗位目标,制定计划。有计划地参与职业体验活动对学生工作的态度和完成度都有正面的影响,学生自发地为自己制定工作计划也是其责任心和自律性的具体表现。

2. 在体验中摸索岗位所需的技能,通过人际交互,提升岗位竞争力

此次"临空职业体验活动"是在疫情防控的大背景下,学生们的岗位工作有了一定的调整,需要大家不断适应。如负责临空电影院场务工作的学生,在检票、分发眼镜时,还需提醒观影人戴好口罩,不带食品入内,这对于性格腼腆的学生来说是一个小小的挑战;有的学生被安排到电影播放岗位,学习电影播放的技能。总负责人要记录每场电影的观影人数,了解疫情对票房的影响,还需要随影院经理一起抽查观影中口罩的佩戴情况、间隔就座情况。实践结束后学生也提出想要研究疫情背景下实体经济受影响情况。

在社会实践过程中,学生们遇到了岗位调整、岗位调换等问题,这其实也是他们以后在工作中很有可能面临的问题。他们在面临挫折和调整时,试着以平和、宽容的态度去理解与接受,也在和观影者的沟通中提升了耐心和责任心。这些宝贵的经验都是他们平日里在学校中学不到的非知识技能,但却对他们终身有益,这就是职业体验活动的魅力,是他们高中阶段难忘的一段经历。

3. 实践后以小组形式交流心得,分享实践成效

实践后学生们就自己在工作中遇到的问题、想到的应对方法,以及负责教师给予的指导予以分享,畅谈自己在实践中的收获与反思,并将自己对实践的热情延续下去,将自己在实践中收获的非知识技能运用于未来的学习生活中。

同时,利用班会课时间,各组社会实践的学生讲述了他们在社会实践过程中的经历,参与职业体验活动的小组表现尤其活跃,能感受到此次体验活动给他们带来的正向影响。

(二)特色做法

1. 关注实践中的"行前、行中、行后"阶段,形成标准化的实践流程

在高中阶段进行的社会实践活动,许多学生都将其看作"完成指标",当

成自己的负累,不能将其转化为自己职业技能素养提升的契机。这种想法显然违背了高中阶段开展职业体验的初衷。故而如何引领学生沉浸式地体验职业、深入职业就需要教育者们思考和规划。职业体验前的岗位认知帮助学生们意识到需要认真对待自己的工作,岗位中导师的查访和交流帮助学生们体会到工作的意义和价值,职业体验后的交流即是学生们对职业进一步探索、激发自我成长动力的过程。"行前、行中、行后"的每一步都缺一不可。

"行前、行中、行后"的指导工作除了需要团委教师和班主任的努力外,同样还需要导师的帮助和校外实践点教师的指导,当教育者形成合力后,相信学生会有更好的实践体验。

2. 发挥导师作用,在实践中帮助提升非认知能力

职业体验活动不同于在校上课,实践过程中学生的非认知能力——职业规划行动力、与人共事所需的情感调节力,都在迅速发展并对他们原有的认知体系有一定的冲击。此时,应发挥我校以班主任为首席的导师制优势,在学生实践过程中去第一线了解实践情况,分析实践中学生的问题与优势,与学生不断交流,帮助其保持自律、认真的态度,找到适合自己的人际交往方式,提升交互能力。

六、成效与展望

基于"行前、行中、行后"标准化的职业体验活动,帮助学生认识自我能力与职业需求、职业发展的关系,对学生明确今后的大学专业选择、就业方向都有一定的意义,同时也增强了学生对未来发展的规划能力和选择能力。

学生们也希望能在今后的社会实践活动中,有更多像"临空职业体验"一样的岗位,并开展沉浸式体验职业,这需要在社会各界帮助下扩大学校的实践资源库。同时,随着社会的发展和人员的迭代,社区、居委的工作也会有相应的变化,如何将这些变化带到"社区服务体验"岗位中,增加学生实践的热情,也需要我们思考和关注。

在这几年的社会实践活动中,在我的指导下,学生们也陆续撰写了多样化的研究性学习报告,例如《网红食品的产生因素与行为效应研究报告》《一种新

型的定画液》《重庆陪都历史文化及其意义之探索》《重庆和上海口味风格差异形成的原因》等。其中陈雯静、赵语忱同学关注时事热点,对网红食品的诞生表现出强烈的好奇心,他们通过实地调研和问卷法剖析网红食品的产生因素及行为效应,写下了《网红食品的产生因素与行为效应研究报告》获 2019 年上海市青少年科技创新大赛三等奖。张丁缘同学在画画时对定画液的成分感到好奇,同时又想改良定画液的气味并提升定画效果,由此她主动前往杨浦区青少年科技站学习并进行实验,对实验数据仔细分析,得到了一瓶改良的定画液,她的研究性学习报告《一种新型的定画液》获 2020 年上海市青少年科技创新大赛三等奖。在指导学生课题的过程中,我发现青少年的关注点和研究视野与教师有一定差异,他们研究的课题会给教师很大的新鲜感和启发。在指导他们查阅资料、分析问卷或实验数据的过程中,我好似回到了大学时光,他们的热情、专注一直感染着我。我将继续努力做好育人实践工作,助力复旦学子的成长。

相信在政策的引导下,在生涯导师的指引下,未来高中生的社会实践活动一定会开展得愈发顺畅,让学生体会到社会即教材,习惯在传统课堂以外汲取知识,提升非认知能力,并不断突破自我,对生涯发展有更理性、更深层次的思考。

见微知著 知行合一
——上海纺织博物馆馆校合作

钮闻菁

一、案例背景

上海高考综合改革试点方案核心是"两依据、一参考",高中学生综合素质评价是高校录取学生的重要参考,参加研究性学习和综合实践活动情况是其中评价学生创新精神与实践能力的重要指标。截至 2021 年 7 月 31 日,上海市已建立学生社会实践基地 1 729 个,发布社会实践(公益劳动)岗位数

365 699 个,有 38 407 名高中生参加了当年暑期志愿服务,高二学生完成 40 学时的占 88.34%。

据统计,上海 2017 届高三学生共提交研究性学习报告 50 709 份,研究领域涵盖科技创新、社科人文、体育、环保等诸多学科。教师应引导学生将社会实践转化为研究性学习报告,见微知著,知行合一,培育学生社会责任。

本案例基于学生参与馆校合作的市属社会实践基地项目,通过参与项目过程引发学生思考,进而转变为课题;结合学校全员导师制工作,课题配备"双导师",校内外导师形成合力,在社会实践过程中培育学生综合素养。

二、学情分析

上海市复旦中学是一所市实验性示范性高中,学生具有良好的自主学习能力、科学探究能力以及合作实践能力。学生能够积极参与社会实践活动完成学时,但将社会实践内容转化为研究性学习报告的比例仍有待提升。因此,学校结合社会实践基地资源,激发学生在实践过程中提出问题并解决问题,形成具有学生个人特色的研究性学习报告,全方面提升学生综合素养以及沟通协作能力。

三、育人目标

1. 结合市属、区属社会实践基地资源,学生了解相关领域的专业历史发展,拓宽学生对相关领域的认知。

2. 通过课题引领,培育学生独立思考、自主学习能力,提升科学素养、科学探究能力。

3. 通过小组课题探究模式,发挥学生主观能动性,提升学生协调合作能力、组织领导能力以及综合素质。

四、育人资源

上海纺织博物馆作为馆校合作平台,为学生提供线下、线上的课程资源。同时,学生在查阅资料的过程中也使用了知网、万方等专业文献查阅网站。

五、过程与方法

（一）实施过程

1. 实地考察，发挥馆校合作项目优势

根据学校为学生提供的不同社会实践基地，学生可以自主报名选择。2019 级袁晟阳、张挥、钱怡澄三位同学在"进馆有益"活动中走进上海纺织博物馆进行实地考察、学习。作为全国科普教育基地，上海纺织博物馆一直致力于积极推广多种形式的科普教育，自主研发了一系列科普教育课程活动，开展适应学校学科方向、课程标准的馆校结合课程，为素质教育和市民文化素质提供服务。

上海纺织博物馆为学生提供的课程内容从纺织学科特点入手，涵盖纤维认知、织物识别、理化测试三大模块。学校依托上海纺织博物馆科普展厅和纤维实验室丰富的展陈资源及研究成果，旨在通过纺织科技内容的学习和实践，激发学生的创新活力，让学生主动构建科学的知识结构体系，获得学习的满足感、兴奋感和自信心。

2. 问题聚焦，头脑风暴形成课题

在参与上海纺织博物馆的社会实践活动过程中，2020 年初爆发的疫情使口罩成为大众的关注焦点，袁晟阳同学因负离子具有较好的净化空气的作用对负离子纺织产品产生了兴趣。

在师生共同的探讨、交流以及在纺织博物馆专家提供专业指导的帮助下，学生通过查阅文献资料了解负离子产品的功能及市场定价，进一步聚焦"为什么负离子纺织产品的销售与普通纺织品差异较小？""目前市场中常见的负离子纺织产品的使用感受如何？"等一系列的问题。学生在讨论过程中头脑风暴，进发出的火花激励着他们不断求知。

3. 课题引领，共育社会责任

经过不断的查阅资料、实地考察巡访，学生有了课题研究的初步方向，以"上海市青少年对负离子纺织品认知情况的调查研究"为课题，设计调查问卷、走访商家，比较不同产品的成分及价格。在这一过程中，袁晟阳同学带领另外两位同学一同查阅资料,分工合作设计调查问卷,主动联系上海纺织博物馆的指导教师,询问专业知识。

校内指导教师主要在课题立项、实施课题以及撰写研究性学习报告方面提供指导,同时做好学生与校外指导教师沟通指导工作。开展课题研究是学生了解社会的一种方式,也是提升综合能力的一种方式。在开展课题研究的过程中,学生深入商场了解买家对负离子纺织品的购买意愿;查阅电商平台的各类纺织品价格,了解负离子纺织品在性价比上的竞争力。课题的开展让学生接触社会,了解社会。这个过程中,他们可能会碰壁,但也会收获更多课堂上无法获取的信息,逐步形成社会责任感。

(二)特色做法

1. 馆校合作,双"管"齐下

馆校合作指学校与本市的各类场馆和实践基地合作,学生在专家、学校和指导教师的指导下完成社会实践。馆校合作能发挥"1+1>2"的作用。上海纺织博物馆的专家指导教师具备专业知识,能够给学生专业的指导。而学校为学生配备的校内指导教师更加了解学生的能力,在沟通方面更具优势。馆校合作的优势是结合"馆"内资源(包括馆内科普课程、博物馆展厅、专家指导等硬件及软件资源)以及校内资源共同培育学生的综合素养。整个过程中,馆校各自发挥优势,助力学生在社会实践过程中拓宽眼界,深入了解各行各业,提升自身综合素养。

2. 实践探究,将科学与人文相结合

本次社会实践体现了跨学科融合的综合素养培育。上海纺织博物馆不仅在人文历史方面给学生提供了资料,还在科普课程方面给学生提供了课外辅导。丰富的科普课程,涵盖化学、纺织工程技术,让学生可以有职业体验感。科学与人文融合,点燃学生的学习、探究兴趣,拓宽学生的眼界。

六、成效与展望

袁晟阳、张挥、钱怡澄三位同学的《上海市青少年对负离子纺织品认知情况的调查研究——以长宁区为例》参加第 36 届上海市青少年创新大赛获得三等奖。袁晟阳同学谈及了自己的感悟："在馆校合作项目中，我前往上海纺织博物馆进行参观学习。在指导教师的带领下，我对纺织品的分类、用途等各方面有了更为深入的了解，同时光学仪器的操作体验也极大地满足了我的好奇心。指导教师为我课题的设计与探究过程提供了许多科学且具有针对性的建议，从而让我了解课题探究的基本流程，激发了我对科学探究的兴趣。"

结合此案例中的上海纺织博物馆馆校合作项目，对于后续开展的社会实践，笔者提出以下两点发展建议。一是充分挖掘馆校合作资源，给学生更多的选择领域。学校目前已有一定的馆校合作的社会实践基地，包括爱国主义教育基地、历史人文以及科普教育基地，今后可以加强馆校联系，深入挖掘社会实践基地资源。二是结合全员导师制，将导师"请进"学校。今后的馆校合作项目可以结合学校全员导师制，形成长效的"双导师"机制——"馆内专家＋校内导师"。"双导师"机制不仅能够结合校外资源丰富学生社会实践内容，还能让学生在实践中思考、探究感兴趣的课题，完成研究性学习报告，双管齐下，一举两得。发挥馆校合作的优势，让学生在社会实践中知行合一，见微知著，践行"博学而笃志，切问而近思"的复旦校训。

小马达成长记
——复旦学子参与"上海马拉松系列赛事"志愿服务

陆 军

一、案例背景

2019、2020 连续两年学校组织高一、高二学生作为志愿者积极参与上马 Speed X 系列赛·耐克少儿跑、上海半程马拉松、上马 10 公里精英跑的志愿服务活动，并与来自复旦大学、上海对外贸易大学、东华大学、华东政法大学等高校的志愿者们并肩合作，为上海马拉松系列赛事助力。此项赛事的志愿服务活动，也是学校一体化构建中学大学社会实践项目的一次全新尝试。

二、学情分析

高一学生在初中阶段已经有社会实践或者志愿服务经历,比如地铁站志愿服务、图书馆志愿服务等,因此,上海市复旦中学的学生对于社会实践是有着较高的参与度的。此外,高二学生在高一年级时已经有参与上海马拉松系列赛事志愿服务的经验,可以将经验分享给高一志愿者,建立较好的合作基础。综上,学校可以较好地组织上海马拉松系列赛事的志愿服务活动,并借助这一活动平台进一步提升学生的综合素养,引导学生践行"团结、服务、牺牲"的复旦精神。

三、育人目标

1. 通过长时间的赛事服务锻炼志愿者们的意志品质,培养志愿者们吃苦耐劳的精神。

2. 通过与大学生共同参与志愿服务活动,拓宽高中生的社会交际范围,从而促进学生相互学习、相互交流,增强沟通和处理各种情况的能力。

3. 塑造"三用(用心、用爱、用情)"的服务理念,为跑者带来细致入微的服务体验。

四、育人资源

上海马拉松官方网站、各类大型体育赛事官方网站、微信公众号以及相关 App。

五、过程与方法

(一)实施过程

1. 招募志愿者

规范上海马拉松系列赛事的志愿者招募程序:报名—审核—培训。在招募和选拔过程中,进一步宣讲志愿服务精神。

2. 组织志愿者培训

志愿者培训是针对参与志愿服务的志愿者进行与赛事相关的各种知识的学习,是提高志愿者整体素质和志愿服务质量的主要途径。志愿者培训的根本目的是使所有参与工作的志愿者充分了解本赛事的基本情况,熟悉自己的工作岗位,掌握基本的岗位知识和合理的工作方法,同时注重对志愿者团队合作精神和志愿服务意识的培养。为了确保每位学生志愿者出色地完成工作,学校通过培训帮助志愿者了解服务工作的基本知识、工作任务的细节和志愿者的基本义务及职责等,培训的主要内容见表7-5。

表7-5 上海马拉松系列赛事的培训内容

培训内容	主 要 任 务
基本知识	掌握志愿者服务的理念、基本礼仪及职责义务等
岗位知识	了解各个岗位的基本情况、具体工作任务、具体工作地点等
场地知识	深入了解工作岗位具体地点及区域、注意事项等

3. 赛事志愿者的安排

志愿者的安排是指将培训后的志愿者如何合理地安排到工作岗位上,做到人适其事、岗得其人。根据高中学生的特点,服务的地点主要分布在饮用水站、能量补给站、奖牌发放点。在饮用水站的志愿者主要保障运动员的饮用水充足,在能量补给站的志愿者主要为需要补充能量的跑者分发食品,在奖牌发放点的志愿者主要配合工作人员发放奖牌。此外,对于出现问题的运动员,志愿者要第一时间通知领队,由领队逐级上报。

(二)特色做法

1. 做好保障,给予肯定

合理的保障机制不仅能激发志愿者工作的积极性,还能提高志愿服务的质量,促进比赛的顺利开展。志愿服务是自愿的、义务的行为,志愿者更想通过自己的工作来实现自身的价值。因此,在志愿服务过程中,对于志愿者工作的表现,要适时地给予肯定,使之能保持志愿服务的积极性,提高志愿服务的效率和质量。

2. 及时总结,着力宣传

赛事活动结束后,学校会组织召开总结会。会上,除了汇总学生们的活动感悟,还颁发志愿者证书。同时,通过学校微信公众号推送与此次活动相关的文章并进行宣传。在期末年级大会上,学校会向学生们宣传赛事的相关志愿活动。

3. 融合育人,协同育人

在上海马拉松系列赛事的志愿服务活动中,我校志愿者与来自复旦大学、东华大学、华东政法大学、上海对外贸易大学等高校的大学生们共同参与,并且在志愿服务活动中共同协作。我校学生收获到了高校志愿者们经验的分享和指导,感受到了大学生的榜样力量,增进了与高校的沟通合作,实现大学、中学的交流与衔接,推进了综合实践项目的一体化发展。

六、成效与展望

复旦学子积极参与上马 Speed X 系列赛·耐克少儿跑、上海半程马拉松和上马 10 公里精英跑的志愿服务活动,学生们的参与热情和态度得到了主办方的褒扬。志愿服务活动主要有以下几点成效。第一,能很好地宣扬奉献、友爱、互助、进步的志愿者精神,这对于志愿者本身是一个很好的历练,能培养学生的共情心与同理心,做到为别人着想。第二,能够走出去,在志愿服务的过程中认识一群志趣相投、志同道合的同学,相互学习各自的长处。志愿者体会到了赛事的温度和关怀,在维护好比赛秩序的同时,充分展现服务的热情,为本次上海马拉松系列赛事增光添彩。

明朝心学大儒王阳明提出:"知是行的主意,行是知的功夫;知是行之始,行是知之成。"因此,引导学生积极参与社会实践活动,实现知行合一,他们不仅可以学习到更多的社会知识,而且能够在个人与社会的统一中提高实践能力与创新意识,进而实现综合素质的全面提升。

重走钱学森入党之路 传承科学家爱国之心
——上海市复旦中学馆校合作

邬晓敏

一、案例背景

为贯彻落实《新时代爱国主义教育实施纲要》、《教育部国家文物局关于利用博物馆资源开展中小学教育教学的意见》(文物博发〔2020〕30 号)等文件精神,进一步加强钱学森图书馆面向大中小一体化的教育资源建设,促进博物馆资源融入教育体系,探索构建协同育人的馆校合作机制,钱学森图书馆提供资源平台,提供各学龄段沉浸式主题教育场所。

习近平总书记的重要文章《以史为镜、以史明志,知史爱党、知史爱国》中提到"历史是最好的教科书","要了解我们党和国家事业的来龙去脉,汲取我们党和国家的历史经验,正确了解党和国家历史上的重大事件和重要人物。进一步激发全体人民爱党、爱国、爱社会主义的巨大热情",提醒教育工作者们四史教育的重要性和必要性。

在此背景下,上海市复旦中学尝试将爱国主题教育课程、钱学森图书馆资源与教育教学相结合,借助馆校合作平台,进一步尝试创新主题教育的形式并深化大中小一体化德育实践,更深层地激发各学龄段学生们的爱国情怀。

二、学情分析

参与本次实践活动的是上海市复旦中学新高三学生,经过高中前两年的学习生活,学生们的心智趋向成熟,也建立了一定的价值观。但是,综合学生表现,他们对于党史、国史等的了解只停留在表面而不闻其精神,所学所闻不能触动内心并深入思考。高三阶段学习压力骤增,加之外部世界大量良莠不齐信息的影响,一部分学生的价值观出现偏差。面对专业选择,大多数学生仍然非常迷茫,不知所措,或是缺失初心,最初的理想和目标逐渐模糊,变得功利主义。因此,借助馆藏资源追溯钱学森的生平开展一次社会实践以深化"知史爱国"是十分必要的。

三、育人目标

1. 通过在钱学森图书馆的参观学习,了解钱学森回国的相关经历;通过制作大事年表,掌握 20 世纪五六十年代中国历史大势,深入学习中国社会主义建设在探索中曲折发展的历史。

2. 通过钱学森入党志愿书等实物史料与亲属口述资料,了解钱学森作为党的科技功臣的伟大贡献,感悟钱学森入党的初心。

3. 通过小组探讨,明确研究方向与分工,进一步自主探究钱学森事迹,继承并发扬钱学森的爱国精神。

四、育人资源

1. 馆内资源:钱学森图书馆淋漓尽致地展现了他的爱国之心。

2. 线上检索资源:通过知网、百度等网上资料库检索素材,为研究报告做好研究前的研究综述,为研究过程充实所需材料。

五、过程与方法

(一)实施过程

1. 导入新课:走进序厅,情境融入——千页手稿聚智慧,百年人生绘宏图

钱学森图书馆由序厅和四个展厅组成。教师带领学生参观钱学森图书馆的序厅,并对序厅红色立体造型的寓意展开联想和讨论。导入 20 世纪五六十年代的时代背景,并走近科学家——钱学森。

2. 背景铺垫:梳理史实,时空定位——艰难探索求发展,伟大成就耀时代

学生阅读《中外历史纲要·上册》相关材料,梳理 20 世纪五六十年代中

国历史发展脉络;罗列建设成就,感受时代精神;出示英雄模范人物照片(包括雷锋、王进喜、焦裕禄、李四光、钱学森、邓稼先、华罗庚),请学生说出对应人物的伟大贡献。

教师进一步讲解:"钱学森同志作为党的科技功臣,为党为国贡献力量的道路并不顺坦,同学们可以继续深入展馆,探秘钱学森的爱国力量。"

3. 互动学习:深入展馆,事迹追溯——绝壁寻求归国路,至诚至真入党心

教师带领学生进入第三展厅,小组自由参观后集合(参观后按研究小组就座),请各组说一说参观过程中印象最深刻的板块(学生较多的回答是钱学森回国、入党等事迹)。

教师引导学生回顾第三展厅中展示的钱学森一生三次激动时刻,并通过视频、档案以及钱学森的入党申请书深入理解钱学森的入党心、爱国情。在近一个世纪的人生历程中,钱学森把一名科学家的理性、良知和一名共产党员的理想、信念完美地结合在一起,取得了震惊世界的科学成就,达到了超常的人生境界。

4. 小组活动:小组讨论,问题探究——畅游展厅勤探讨,主题研究促成长

回顾钱学森的激动时刻后,学生在场馆里自由参观寻找灵感,并讨论小组的研究主题和初步设想。(1)分组选题,交流小组研究目的,并在学长和教师的帮助下进行微调。(2)设计问卷,针对大中小不同学段特点汇总结果,并展示小组设计理念。(3)资料搜索,搭建论文初步框架,并整合相关资料,形成论述逻辑板块。

5. 课堂总结:返回序厅,情感升华——目光如炬视远方,信仰坚定爱国心

钱学森从一名普通群众成长为共产党员,实现了人生巨大的政治转变。从回国到入党,坚定的信仰促使他将毕生的精力奉献给了祖国航天事业,这些都源于钱学森对党、对国家、对人民深沉的爱。学生返回序厅瞻仰钱学森

头像雕塑,体会钱学森的爱国心。

6. 课后延伸

将课堂中构想的研究方向继续落实,结合馆藏资源、线上资源以及自身体会,形成研究报告,过程中进一步体会钱学森同志的爱国心、报国情!

(二)特色做法

1. 注重自主探究,强化实践能力

学生以小组为单位在场馆参观的过程中选定感兴趣的研究主题,并搜集素材。在小组活动中,成员个人的思考研究、成员之间的相互合作以及整个团队的专项分工都是锻炼学生自主探究能力的重要途径。在宽敞自由的环境里、在轻松愉快的氛围中,学生记下自己的灵感、想法以及在小组成员间讨论时碰撞出的思维火花,这些积累和体验都能潜移默化地强化学生的实践能力。

2. 注重"知史爱国",厚植爱国情怀

了解一个个推动中华民族朝着伟大复兴不断前进的重大事件、一次次指引方向的重要会议、一位位令人敬仰的革命先辈,能更加深入理解党为中国人民谋幸福、为中华民族谋复兴的初心和使命,深刻体会党为了崇高理想不怕牺牲、砥砺前行的精神品格。借助钱学森图书馆开设的这节实践课恰恰做到了这点,以钱学森所处的时代背景为铺垫,以钱学森传奇的一生为串联,让学生们在场馆中并不是以第三方的视角去"浅尝"钱学森的爱国情怀,而是将自己置身于20世纪五六十年代的中国,在了解历史背景的基础上融入情境,更深刻体会当时时代背景下钱学森的爱国情感。

3. 注重纵横交错,提升育人成效

场馆资源是本节课的重要资源之一。将课堂开设在场馆中,并与钱学森图书馆的指导教师沟通课堂所涉及的参观路线、展陈物品、研究指导等事宜,保障课堂顺利进行;将场馆硬件资源与科学教育软件理念完美融合,拓展综合实践活动的自主性、跨学科性和人文性。不仅如此,钱学森图书馆资源能针对不同年级的学生制定主题教育或实践方案,在大中小一体化的背景下,更多样化地提供教育资源。在此基础上,邀请相关专业的学长讲解相关知识并参与选题讨论,提供课题研究的宝贵经验,将大中小联动融入课程,实现纵横交错,提升育人成效。

六、成效与展望

在"四史"学习教育和综合实践活动中,科学家纪念馆承担着重要的社会职能,充分挖掘科学家身上蕴含的"四史"学习教育资源是一种新的尝试。因此,本次社会实践借助学校周边钱学森图书馆的馆藏资源授课,继而探索馆校合作育人机制,取得一定成效。

第一,通过本课的学习互动,学生不仅知道了钱学森的事迹,还在自主研究中深入体会并传承发扬钱学森的爱国精神。第二,营造自主探究环境,培养学生小组分工合作、主题式探究的能力。在小组活动过程中,充分发挥学生主观能动性,增强学生自信。第三,搭建馆校合作平台,不断尝试场馆浸润式学习,推动博物馆与学校合作构建良性互动循环,并在此过程中融入一体化实践育人理念。这堂课不仅邀请学长给学生提供课题研究的经验,而且可根据不同学龄段学生特点进行调整,一课多用,让不同学龄段的学生体会同一种爱国情怀。

在此次馆校合作课堂后,学生小组研究报告纷纷出炉,学生共完成9篇以钱学森为关键词展开的相关研究报告,例如《科学无国界,但科学家有祖国——浅谈个人事业与家国情怀的抉择》《"一叶红船见百年"——从两弹一星功勋钱学森和近期华为事件看红船精神》《党的科技功臣——论百年党史中的钱学森与"两弹一星"》《"希望人民满意"——论党员钱学森的初心与信仰》《关于钱学森图书馆在建党100周年之际的布展建议》等。在研究过程中,学生对小组合作、收集素材、调查问卷等都有自己的收获。董婧同学说:"这是我们第一次做问卷调查,在发出一份份调查问卷、收到一份份不同的答案之后,我们严谨地分析图表、数据,并最终得出结论。在这一过程中,我们都收获、学习到了很多东西。我们学会了如何做一份科学的调查问卷;在面对没有规律的数据时如何分析其背后所蕴含的原因和本质;如何从一个现象出发提出问题,并找到解决问题的方法。"何秉彦同学聊到整个过程的体会时说道:"总的来说,这次的研究性学习报告只是我们发展中的一个小起点,让我们掌握了研究的基本方法和步骤,培养了我们对钱学森爱国精神的深入了解,更培养了我们与人合作的能力。更重要的是,我们学会了在新时代背景下弘扬红船精神的时代风采,从中继承共产党人的使命,坚定前行的方向,汲取信仰的力量。"从学生的体会中可见,馆校新形式的课堂能全面锻炼学生的研究能力,贯通德育一体化,更深层次地激发学生的情感。

让复旦爱国精神薪火相传

夏晓娟

一、背景分析

爱国是学生德育的永恒主题之一。习近平总书记强调"爱国主义是我们民族精神的核心,是中华民族团结奋斗、自强不息的精神纽带""要把加强青少年的爱国主义教育摆在更加突出的位置,把爱我中华的种子埋在每个孩子的心灵深处"。《公民道德建设实施纲要》提出,我国公民的基本道德规范是"爱国守法、明礼诚信、团结友善、勤俭自强、敬业奉献"。《中小学德育工作指南》指出,对于高中学段的学生,要"教育和引导学生热爱中国共产党、热爱祖国、热爱人民,拥护中国特色社会主义道路,弘扬民族精神,增强民族自尊心、自信心和自豪感""学会正确选择人生发展道路的相关知识,具备自主、自立、自强的态度和能力,初步形成正确的世界观、人生观和价值观"。中共中央、国务院印发的《新时代爱国主义教育实施纲要》中明确指出,"要坚持目标导向、问题导向、效果导向,坚持虚功实做、久久为功,在深化、转化上下功夫,在具象化、细微处下功夫,更好地体现时代性、把握规律性、富于创造性"。本单元主题的目的在于感悟、传承和践行爱国精神,培育高中生社会主义核心价值观,推动未成年人思想道德建设,通过讲好复旦一百多年历史上优秀复旦人的爱国故事,引导学生向先辈学习、向英雄学习、向榜样学习,激励学生在和平年代把爱国情和报国志转化为学习实践、努力前行的不竭动力和自觉行动,走好把青春梦融入复兴梦的人生之路。

高一学生由"05后"组成,他们从小在各种活动中都接触过党史、新中国史和爱国主义教育,对于爱国主义教育并不陌生。高一学生刚进入学校,就开始了解复旦校史和复旦的爱国传统,然而学生对革命年代的先辈先烈包括复旦人和复旦烈士"抛头颅、洒热血"的艰苦创业、不畏牺牲并无直观认识和切身感受,很难将爱国精神融入到平日的学习、生活、实践以及对未来的规划中。

二、设计思路

本单元主题是《让复旦爱国精神薪火相传》。1905年,复旦因教育救国的理想而建立,119年来,复旦人的爱国精神一脉相承。德育过程是培养学生知情意行的过程,力求学思用贯通、知信行统一。本单元设计分三课时,从第一课时到第三课时是由认知目标到情感目标再到行为目标的层层落实和递进。内容的设计从青少年的认知规律出发,由浅入深,由表及里,层层落实,分别为《相聚复旦园,初识爱国精神》《走近复旦人,感悟爱国精神》《共筑复旦魂,赓续爱国精神》。

三、教育对象

高一年级学生。

四、教育目标

1. 认知目标(第一课时《相聚复旦园,初识爱国精神》):知晓复旦一百多年历史中复旦人的爱国事迹,学史明理,理解复旦人在革命年代以及和平年代展现出来的爱国精神。

2. 情感目标(第二课时《走近复旦人,感悟爱国精神》):在与先辈的"对话"中产生敬佩,凝聚共识,激发共情,引发共鸣,学史增信,与先辈同频共振,厚植爱国情怀,点燃人生理想信念之火。

3. 行为目标(第三课时《共筑复旦魂,赓续爱国精神》):启发学生把爱国精神转化为日常学习、生活和实践中的具体行为,学史力行,学会将个人发展与国家社会发展相结合,做复旦爱国精神的传承者。

五、教育重点

充分利用和挖掘复旦的爱国资源和文化,引导学生从校史中体悟复旦人的爱国精神,厚植爱国情怀,点燃人生理想信念之火。

六、教育难点

促进知行合一,将个人发展与国家、社会发展相结合。

七、课程准备

1. 学生准备:参观校内的马相伯纪念馆、校史馆和"五四"第一钟;阅读《博雅颂——马相伯与复旦俊彦》等校史资料,完成分组,作分享准备;查阅资料;课前采访学长并录制视频。

2. 教师准备:通过与班主任和任课教师沟通、问卷调研、观察、访谈等方式,了解学生现状,确立校会主题;设计调研问卷,开展调研;准备视频和背景资料等,请家长写信,制作课件。

八、课程安排

第一课时　相聚复旦园,初识爱国精神

【教育目标】

知晓复旦一百多年历史中复旦人的爱国事迹,学史明理,理解复旦人在革命年代以及和平年代展现出来的爱国精神。

【教育过程】

(一)讲述复旦创办者马相伯的爱国故事

1. 调研导入:以"校史知多少"问卷调研结果导入,引出本课场景"相聚复旦园"。

2. 提出问题:马相伯为什么创办复旦? 马相伯怎样创办了复旦?

3. 播放视频:《马相伯》纪录片片段讲述马相伯创办复旦时的社会背景和为了创办复旦所作的努力。

4. 引出主题:面对当时腐朽无能的清政府和浑浑噩噩的国民,在民族生死存亡关头,马相伯希望通过兴办新式教育来实现救国理想! 1900 年,60 岁的马相伯捐献了全部家产,史称"毁家兴学"。1905 年,马相伯创办复旦公学,种下了复旦爱国的种子。

设计意图:带着问题观看视频《马相伯》纪录片片段,用复旦创办者马相伯的经历吸引学生。通过学生的思考和回答,引出主题。

(二) 分享一代代复旦人的爱国故事

1. 呈现图片:校史资料《博雅颂——马相伯与复旦俊彦》。《博雅颂——马相伯与复旦俊彦》的实体就是马相伯纪念馆,主要分为《相伯"本纪"》《复旦"世家"》《复旦"列传"》三部分。第一部分《相伯"本纪"》记录了马相伯先生悲壮传奇的一生,第二部分《复旦"世家"》集中介绍了在教育救国旗帜下聚集的一批在复旦历史上乃至中国近现代史上产生巨大影响的贤达名士,第三部分《复旦"列传"》呈现了复旦的院士、英才和烈士。

2. 鼓励表达:请同学分享交流演绎复旦人的爱国故事以及个人体会,先讲爱国故事,再请其他同学猜猜是哪位复旦人。

3. 交流分享:学生按照五四时期——土地革命、抗日战争和解放战争时期——新中国成立以后的顺序演绎爱国故事并交流。

4. 追问探究:他/她的爱国言行中令你印象最深刻的是哪些? 为什么? 你为什么选择讲这位复旦人的爱国故事?

设计意图:此环节是本节课重点展开的环节,让学生分享交流一代代复旦人的爱国故事以及认识体会,以学生为主体,使学生了解、熟悉复旦文化和代代复旦人传承的爱国精神,引导学生从感性认识上升到理性认识,理解复旦人在革命年代以及和平年代展现出来的爱国精神。

(三) 课堂小结

1. 教师小结:走进复旦园,爱国的光荣传统和历史气息扑面而来,一件件鲜活的历史事件,一个个耳熟能详的闪亮名字,令我们心潮澎湃。历史是最好的教科书,复旦的先贤先烈是我们最好的老师。

2.展示校歌:《复旦校歌》。

设计意图:知史明理,再次强调复旦的爱国精神。展示复旦校歌,增强学生的体验,升华学生的认识。

第二课时　走近复旦人,感悟爱国精神

【教育目标】

在与先辈的"对话"中产生敬佩,凝聚共识,激发共情,引发共鸣,学史增信,与先辈同频共振,厚植爱国情怀,点燃人生理想信念之火。

【教育过程】

(一)猜想经历,追寻足迹

1.第一次猜想:提供某位先辈求学经历的相关信息,让学生大胆猜想他人生的多种可能性,并给即将毕业就业的他提供一些意见和建议。

2.第二次猜想:提供先辈求学经历的更多信息,再次让学生大胆猜想他人生的多种可能性,并给即将毕业就业的他提供一些意见和建议。

3.验证猜想:进一步提供生平经历,验证学生的猜想是否正确。

4.教师小结:人生的道路永远充满了分叉和抉择,百年前,一群伟大的复旦人选择了"国家兴亡,匹夫有责"的使命。每个时代都有复旦人,你我皆是其中的一员。

设计意图:一位复旦人,人生本该是一片坦途,但他却毅然以笔作刃,抨击黑暗,直至最后牺牲。通过制造悬念,激发学生兴趣,引发学生积极思考,以史为镜,追寻复旦先辈先烈的足迹。

(二)"对话"先烈,追求解答

1.一次选择:呈现情境。

情境简介:费巩研究政治学,非常有才华,在学术上卓有建树,出版多部著作,是民国时期的政治学家、教授,其著作《比较宪法》被列入当时的"世界法学丛书"和"大学用书";深受学生爱戴,因此浙大校长竺可桢多番恳谈,力邀他担任浙大训导长一职,训导长类似于今天的政教主任,有的大学的训导长专门监督学生思想,因此被称为"警察厅长"。

（1）学生讨论：如果我是费巩，我的选择是什么？

（2）学生交流分享：我的选择是什么？为什么？

（3）延伸情境：费巩担任浙大训导长后的作为。

（4）播放视频：《费巩灯》。

（5）教师小结：在费巩心中，他不愿意在腐败的政府里做官，也不愿意经商做生意，他立志教育救国。在教书育人的过程中，他的思想和立场日趋进步，他找到了自己的人生信仰，不为个人名利和轻松享受，而是选择将自己的个人命运与学校师生、国家民族的命运紧密相连。

2. 又一次选择：呈现情境。

情境简介：1941年，费巩回上海探亲，给家里人带来了无比的欢乐，他很爱他的妻子、儿女，家里人劝他留在上海并找份工作。

（1）学生讨论：如果我是费巩，我的选择是什么？

（2）微剧本创作。

（3）学生演绎：费巩和妻子之间的对话。

（4）延伸情境：费巩的女儿费莹如写的文章《追念我的父亲民主教授费巩》。

（5）教师小结：在费巩心中，家人、亲情、青春，甚至生命都远不如救国重要。在面临生离死别的严峻考验时，他更加坚定了自己的人生信念，选择历史所趋、国家所需、人民所盼，选择为学生、同胞、多数人的幸福而奋斗。

设计意图：通过查找资料、分组讨论、情景演绎等开展沉浸式、探究式学习，促使学生代入到费巩这个人物中，帮助学生直面内心矛盾，在选择中思辨，感悟百年前的复旦人为了民族自由与解放、为了信仰与理想，把个人的命运与祖国的命运紧密联系在一起，引导学生与先辈同频共振，凝聚共识，激发共情，引发共鸣，思考和追求自己人生价值的正确答案。

（三）课堂小结

1. 隔空寄语：如果你是费巩，你想对百年后的青年说一句话，你会说什么?

2. 学生交流分享。

3. 教师小结:爱国是每个青年、每个复旦人的立身之本、成才之基。作为复旦学子,每一个人都需要在国家和时代的方位中寻找人生坐标,思考从何而来、往哪儿去、为谁奋斗、为何奋斗的根本问题,把小我融入大我,把自己的发展和国家的发展、时代的发展紧密联系起来,相信同学们能从费巩、马相伯等闪耀在百年复旦星空中的人与事中汲取力量和智慧,找到方向和答案!

设计意图:高中阶段是走向成年、确立三观的关键时期,通过设计与百年前的复旦青年对话这一场景,与百年前的复旦人同呼吸、共命运,感受历史发展的轨迹,体悟榜样的人生选择,强化情感体验,引导学生直观而深刻地感悟爱国精神的价值,点燃人生理想信念之火。

第三课时　共筑复旦魂,赓续爱国精神

【教育目标】

启发学生把爱国精神转化为日常学习、生活和实践中的具体行为,学史力行,学会将个人发展与国家社会发展结合起来思考和行动,做复旦爱国精神的传承者。

【教育过程】

(一) 在学习上行动起来

1. 听一听:学长的话。

(1)播放视频:学生课前采访并录制视频。

采访提纲:你现在的专业或职业是什么? 为什么选择这个专业或职业? 你觉得这和你高中的学习有联系吗? 你对高一的学弟学妹面对高中三年的学习有什么建议? 你在高中的学习中碰到过困难吗? 你是怎么解决的?

(2)提出问题:聆听学长的话后,同学们有什么收获?

2. 想一想:高中学习的计划和规划。

(1)学生交流分享。

（2）探究追问：同学们如何思考高中三年的学习规划、高一的学习计划以及高一期末加三科目的选择？

（3）分组讨论。

（4）学生交流分享。

（5）教师小结：复旦校训"博学而笃志，切问而近思"，博学和笃志辩证联系。习近平总书记说："未来属于青年，希望寄予青年。"我们生在盛世，同时经历着百年未有之大变局。"读书不忘爱国，爱国不忘读书"，新时代的青年更需要珍惜青春、刻苦学习、努力奋斗、实干创新，甚至顽强拼搏、攻坚克难。千里之行始于足下，让我们用知识和科技报国强国！

设计意图：一代人有一代人的使命，一代人有一代人的担当。从历史到现实，从先辈到同辈，通过发挥同辈群体的示范作用，引领当代青年主动承担起作为一名高中生的责任，思考努力学习与国家发展的结合点。

（二）在生活里行动起来

1. 读一读：一封来自父母的信。

（1）现场拆开信封阅读家书（老师课前请家长写信）。

提供参考提纲：回忆孩子的成长经历；孩子高中三年期间家长将要做的事；家长对孩子的建议和期待。

（2）学生交流分享。

（3）教师小结：家为最小国，国为千万家。没有国，哪有家；没有家，哪有我！个体与家庭父母、与社会国家之间，相互依存，密不可分。如果一个人不爱自己的故乡，不感恩生养自己的父母、教诲自己的老师，又怎么可能爱国呢？真正的爱国首先一定是爱自己的父母。

2. 写一写：给父母的回信。

（1）现场写信，并封在信封内，带回家给父母。（播放背景音乐：《我和我的祖国》）

（2）教师小结：爱父母师长，爱兄弟姐妹，爱同学朋友，爱骨肉同胞，真正爱父母和身边人才能真正地爱国。爱的表达有各种各样的方式，从点滴小事、从身边事做起，从今天开始行动起来。

设计意图：通过拆信、读信、写信、封信等有仪式感的活动，激发学生在生活中珍爱父母和同胞，从身边做起，从现在做起。

（三）在实践中行动起来

1. 填一填：学生实践活动记录表。

（1）填写表格：国庆期间开展的各类实践活动及感受。

（2）学生分享交流。

（3）教师小结：和百年前的复旦人相比，在和平年代，同学们有更多的机会和平台，能结合自己的兴趣和特长，在实践中锻炼自己解决问题的能力，发挥自身作用，作出力所能及的贡献。

2. 争一争：学校马相伯纪念馆"初心"讲解员。

（1）微培训：学习马相伯纪念馆讲解内容。

（2）分组演练。

（3）现场展示：争做"初心"讲解员。（配合马相伯纪念馆 VR 实景）

设计意图：通过填写实践活动记录表和演练学校马相伯纪念馆"初心"讲解员，促使复旦学子提升主人翁意识，荣校爱国，引导学生进一步深入思考主题并加以运用。

（四）课堂小结

教师小结：作为一名复旦人，尽管有不同的行动方式，但还是希望同学们都能继承先辈开创的事业，接过历史的接力棒，担起新时代赋予的新使命，把小我融入大我，把青春献给祖国和人民。

设计意图：升华主题，激励学生志存高远、脚踏实地，在新时代成为复旦爱国精神的传承者和践行者。

（五）课后拓展

请同学们联系自身实际，课后回忆、思考并填写至少 3 份《爱国行动记录表》，让同学们在今后的学习、生活、实践中也要继续做好记录并整理成册。

表 7－6　学生实践活动记录表

组长姓名		参加学生		小组名称	
活动日期		活动地点		指导教师	
实践活动目标					
实践活动准备 （包括任务分工）					
实践活动过程 及体会					
实践活动评价 （自评或他评）					

表 7－7　爱国行动记录表

班级		姓名		小伙伴(如有)	
日期		地点		指导者(如有)	
爱国行动主题、 过程及感悟					

参考文献

第一章

[1] 马克思恩格斯全集(第三卷)[M].北京：人民出版社,1960：295.

[2] 曾素林.论实践教育——基于实证方法与国际比较[D].武汉：华中师范大学,2013.

[3] 庞建勇.初中社会实践活动实施的现状、问题及对策研究——以 GT 中学为例[D].石家庄：河北师范大学,2021.

[4] 沈晓珊.实践形态的多样性[J].浙江学刊,2003(3)：162－165.

[5] 都基辉,刘晓东,胡智林.改革开放以来大学生社会实践的历程、经验和启示[J].思想教育研究,2015(3)：97－101.

[6] 田夏彪.贯通贵乐用行：《论语》中"学"之启思——兼论"双减"后学校教育实践归向[J].学术探索,2022(4)：140－148.

[7] 柳夕浪.实践型课程：基础教育课程新形态[J].课程·教材·教法,2022,42(6)：14－19＋34.

[8] 丁国盛,胡丛庆.新时代背景下中小学劳动教育开展存在的问题及策略研究[J].学周刊,2022(7)：93－94.

[9] 冯新瑞.综合实践活动课程在落实劳动教育中的独特优势[J].教育科学研究,2021(2)：64－67＋96.

[10] 翁铁慧.大中小学课程德育一体化建设的整体架构与实践路径研究[J].上海师范大学学报(哲学社会科学版),2018,47(5)：5－12.

[11] 谭红岩,孟钟捷,戴立益.大中小学课程思政一体化建设的路径分析

[J]. 教师教育研究, 2022, 34(2)：92 - 95.

[12] 钟启泉. 基于"跨学科素养"的教学设计——以 STEAM 与"综合学习"为例[J]. 全球教育展望, 2022, 51(1)：3 - 22.

[13] 杨向东. 关于核心素养若干概念和命题的辨析[J]. 华东师范大学学报（教育科学版）, 2020, 38(10)：48 - 59.

[14] 寿延, 亓玉田. 跨学科课程的设计与实施[J]. 基础教育课程, 2018(22)：20 - 25.

[15] 徐瑾劼, 杨雨欣. 学生社会情感能力的国际比较：现状、影响及培养路径——基于 OECD 的调查[J]. 开放教育研究, 2021, 27(5)：44 - 52 + 120.

[16] （美）查尔斯·H. 扎斯特罗, 卡伦·K. 柯斯特-阿什曼. 人类行为与社会环境[M]. 师海玲, 孙岳, 等, 译. 北京：中国人民大学出版社, 2006：11 - 19.

[17] 张世娇, 王晓莉. 教师韧性研究的新视角：社会生态系统理论[J]. 教师教育研究, 2017, 29(6)：123 - 128.

[18] 毛菊, 王坦, 牟吟雪. 高阶能力的发展：劳动教育的时代召唤与回应[J]. 教育理论与实践, 2021, 41(16)：3 - 8.

[19] 刘胡权. 提升教师情感素质, 构建良好师生关系——访北京师范大学朱小蔓教授[J]. 教育科学研究, 2019(3)：5 - 9 + 15.

[20] 杜媛, 毛亚庆. 基于关系视角的学生社会情感能力构建及发展研究[J]. 教育研究, 2018, 39(8)：43 - 50.

[21] 朱小蔓, 王平. 情感教育视阈下的"情感—交往"型课堂：一种着眼于全局的新人文主义探索[J]. 全球教育展望, 2017, 46(1)：58 - 66.

[22] 宋歌, 管珏琪. 面向整合式 STEM 的教师跨学科素养：结构模型与发展路径[J]. 现代远程教育研究, 2022, 34(3)：58 - 66.

[23] 杨向东. 基于核心素养的基础教育课程标准研制[J]. 全球教育展望, 2017, 46(10)：34 - 48.

[24] 欧健, 赵渊博, 刘建勇, 等. 基于综合实践活动中学生涯教育课程建构的逻辑向度[J]. 当代教育论坛, 2021(3)：98 - 106.

[25] Kenneth J. Gergen. Relational Being: Beyond Self and Community

［M］. New York：Oxford University Press，2009：17.

［26］John Seely Brown，Paul Duguid. Knowledge and Organization：A Social-practice Perspective ［J］. Organization Science，2001，12（2）：198－213.

［27］Stephanie M. Jones，Edward Zigler. The Mozart Effect：Not Learning from History ［J］. Applied Developmental Psychology，2002，23（3）：355－372.

［28］Lawson M A，Lawson H A. New Conceptual Frameworks for Student Engagement Research， Policy， and Practice ［J］. Review of Educational Research，2013，83（3）：432－479.

第二章

［1］朱小蔓,王平. 从情感教育视角看教师如何育人——对落实《中小学德育工作指南》的思考[J]. 中国教育学刊,2018(3)：83－88.

［2］李明蔚,毛亚庆,李亚芬. 影响学生社会情感能力的个体与班级因素分析[J]. 当代教育科学,2021(12)：80－88.

［3］杜媛,毛亚庆. 从专门课程到综合变革：学生社会情感能力发展策略的模式变迁[J]. 全球教育展望,2019,48(5)：39－53.

［4］Ju He A H. Institutionalization of Service Learning in Higher Education ［J］. Journal of Higher Education，2000：273－279.

［5］Stanton T K，Giles D E，Cruz N I. Service-learning：A Movement's Pioneers Reflect on Its Origins，Practice，and Future ［M］. San Francisco：Jossey-Bass Publishers，1999：13.

［6］Taylor J P，Whittenburg H N，Rooney-Kron M，et al. Implementation of Pre-employment Transition Services：A Content Analysis of Workforce Innovation and Opportunity Act State Plans ［J］. Career Development and Transition for Exceptional Individuals，2022，45（2）：60－70.

［7］Billig S H. Research on K－12 School-based Service-learning：The

Evidence Builds［J］. The Phi Delta Kappan，2000，81(9)：658－664.

［8］Mahoney J L，Weissberg R P，Greenberg M T，et al. Systemic Social and Emotional Learning：Promoting Educational Success for All Preschool to High School Students［J］. The American Psychologist，2020，76(7)：1128－1142.

［9］Morgan L，Close S，Siller M，et al. Teachers' Experiences：Social Emotional Engagement-knowledge and Skills［J］. Educational Research，2022，64(1)：41－59.

［10］Barnard W M. Parent Involvement in Elementary School and Educational Attainment［J］. Children and Youth Services Review，2004，26(1)：39－62.

［11］Jones S M，Bouffard S M. Social and Emotional Learning in Schools：From Programs to Strategies and Commentaries［J］. Social Policy Report，2012，26(4)：1－33.

［12］Ohl M，Fox P，Mitchell K. Strengthening Socio-emotional Competencies in a School Setting：Data from the Pyramid Project［J］. British Journal of Educational Psychology，2013，83(3)：452－466.

第三章

［1］习近平：决胜全面建成小康社会 夺取新时代中国特色社会主义伟大胜利——中国共产党第十九次全国代表大会上的报告［M］.北京：人民出版社，2017.

［2］王俊秀.社会心态：转型社会的社会心理研究［J］.社会学研究，2014，29(1)：104－124＋244.

［3］杨宜音.个体与宏观社会的心理关系：社会心态概念的界定［J］.社会学研究，2006(4)：117－131＋244.

［4］王小章.结构、价值和社会心态［J］.浙江学刊，2012(6)：5－9.

［5］王延隆，焦一曼.突破差序心态：Z世代青年积极社会心态的培育［J］.

思想教育研究,2023(3)：96－102.

［6］王光敏.大学生网络社会心态现状分析及引导研究［D］.山西：太原理工大学,2022.

［7］韩辉.高中家校社合作共育现状、问题及策略研究——以江苏省 Y 市为例［D］.武汉：华中师范大学,2022.

第七章

［1］汪朝光.早期上海电影业与上海的现代化进程［J］.档案与史学,2003(3)：28－35.

［2］周齐佩,潘波,孙日强.“职业体验”活动体系构建的探索与实践［J］.教育与装备研究,2018,34(2)：31－34.

［3］刘冠军,尹振宇.能力和教育：人力资本理论发展中两个核心概念转换研究［J］.国外理论动态,2020(2)：91－98.

附 录

附录一： 长宁区中学生社会实践现状调查问卷（高中生版）

亲爱的同学：

你好！首先非常感谢你参与本次问卷调查。为了全面了解目前高中开展社会实践的现状，以及高中学生对于社会实践的感受与需求，我们设计了这份问卷。本研究基于全国教育大会与上海教育大会的重要精神，以及初高中教育教学改革和综合素质评价、大中小幼德育一体化建设的背景，旨在研究一体化构建中学大学社会实践项目及其运行机制。我们的调查是匿名调查，并严格遵循《统计法》，对你的一切信息严格保密。为了保障调查结果的真实性，请你根据自己的实际情况填写，未指明是多选的均为单选。衷心感谢你的支持和协助！

一、学生基本信息

1. 你的性别是_____

A. 男   B. 女

2. 你所在的年级是_____

A. 高一高二   B. 高三

3. 你所在学校的性质_____

A. 公办学校　　B. 民办学校　　C. 国际学校　　D. 其他_____

4. 你所在学校的类型_____

A. 市实验性示范性　　　　　B. 区重点

C. 非重点

二、学生参与社会实践的现状

5. 初中阶段,你参与过哪些类别的社会实践活动?(可多选)_____

A. 社会考察类,如考察博物馆、图书馆、科技馆、爱国教育基地、大学等

B. 志愿服务(公益劳动)类,如社区、街道志愿者,大型赛事志愿者等

C. 职业体验类,如体验教育、医务、办公室文员、单位挂职锻炼等职业岗位

D. 综合探究类,如课题研究、"文博研学"践行活动等

6. 高中阶段,你参与了哪些类别的社会实践活动?(可多选)_____

A. 社会考察类,如考察博物馆、图书馆、科技馆、爱国教育基地、大学等

B. 志愿服务(公益劳动)类,如社区、街道志愿者,大型赛事志愿者等

C. 职业体验类,如体验教育、医务、办公室文员、单位挂职锻炼等职业岗位

D. 综合探究类,如课题研究、"文博研学"践行活动等

7. 你觉得参加社会实践最主要的收获有哪些?(按重要程度最多选择5个)_____

A. 完成规定学时　　　　　　B. 获得奖状、证书、参赛证明等

C. 培养兴趣　　　　　　　　D. 发展个性

E. 提升综合素养　　　　　　F. 拓宽知识面

G. 了解社会实际　　　　　　H. 提升交往能力

I. 增强创新意识　　　　　　J. 学会组织策划

K. 学习研究方法　　　　　　L. 其他_____

8. 你认为,当前高中阶段的社会实践活动存在的问题是什么?(可多选)_____

A. 活动多以单一重复的服务性活动为主

B. 活动发布渠道单一，学生不能直接获得

C. 活动数量与种类过少，无法满足广大学生需求

D. 社会实践场地匮乏

E. 社会实践耗费较多时间与精力，负担较重，缺乏能力完成

F. 存在安全隐患

G. 其他_____

三、学生对社会实践的认识与感受

9. 你认为，社会实践的重要性如何？ _____

A. 非常重要　　B. 比较重要　　C. 一般　　　　D. 不太重要

E. 不重要

10. 你是否喜欢参与社会实践？ _____

A. 非常喜欢　　B. 比较喜欢　　C. 一般　　　　D. 不太喜欢

E. 不喜欢

11. 你认为，社会实践的效果如何？ _____

A. 非常好　　　B. 比较好　　　C. 一般　　　　D. 不太好

E. 没有效果

四、学生对社会实践的期望

12. 你希望开展社会实践的频率是多少？ _____

A. 每学期 1 次　　　　　　　B. 每学期 2 次

C. 每学期 3 次　　　　　　　D. 其他_____

13. 你希望社会实践安排在什么时候？（可多选）_____

A. 寒假　　　　　　　　　　B. 暑假

C. 周末　　　　　　　　　　D. 其他_____

14. 你希望如何评价你的社会实践成效？（可多选）_____

A. 完成学时数　　　　　　　B. 基地教师评价

C. 学校教师评价　　　　　　D. 学生互评

E. 课题研究报告评定　　　　F. 获奖情况

G. 其他_____

15. 你希望学校可以增加哪些社会实践活动？（按重要程度最多选择 5 个）_____

    A. 考察参观类　　　　　　B. 实践体验类

    C. 课题探究类　　　　　　D. 竞赛类

    E. 动手制作类　　　　　　F. 志愿者服务

    G. 社会模拟类　　　　　　H. 职业体验类

    I. 创新类　　　　　　　　J. 文化传承类

    K. 其他_____

16. 进入大学后，你希望能参与哪些形式的社会实践活动？（按重要程度最多选择 5 个）_____

    A. 考察参观类　　　　　　B. 实践体验类

    C. 课题探究类　　　　　　D. 竞赛类

    E. 动手制作类　　　　　　F. 志愿者服务

    G. 社会模拟类　　　　　　H. 岗位实习

    I. 支教　　　　　　　　　J. 其他_____

17. 你是否愿意参加与初中生、大学生共同参与的社会实践活动？_____

    A. 非常愿意参加　　　　　B. 比较愿意参加

    C. 无所谓　　　　　　　　D. 不太想参加

    E. 完全不想参加

18. 你想参加哪些初中生、大学生共同参与的社会实践活动？（可多选）_____

    A. 主题教育活动　　　　　B. 做大型赛事志愿者

    C. 参观大学或大学博物馆　D. 开展课题研究

    E. 其他_____

19. 你认为一体化构建中学大学社会实践活动有什么益处？（可多选）_____

    A. 增进中学与大学的联系与衔接

B. 资源的最大化利用

C. 拓宽学生眼界

D. 提升学生实践能力

E. 推进中学大学社会实践项目的系统性与连贯性

F. 其他_____

20. 请列举一项你最想参加的社会实践活动：_____

附录二： 长宁区中学生社会实践现状 调查问卷（初中生版）

亲爱的同学：

你好！首先非常感谢你参与本次问卷调查。为了全面了解目前初中开展社会实践的现状，以及初中学生对于社会实践的感受与需求，我们设计了这份问卷。本研究基于全国教育大会与上海教育大会的重要精神，以及初高中教育教学改革和综合素质评价、大中小幼德育一体化建设的背景，旨在研究一体化构建中学大学社会实践项目及其运行机制。我们的调查是匿名调查，并严格遵循《统计法》，对你的一切信息严格保密。为了保障调查结果的真实性，请你根据自己的实际情况填写，未指明是多选的均为单选。衷心感谢你的支持和协助！

一、学生基本信息

1. 你的性别是_____

A. 男 B. 女

2. 你所在的年级是_____

A. 六年级 B. 七年级 C. 八年级 D. 九年级

3. 你所在学校的性质_____

A. 公办学校 B. 民办学校 C. 国际学校 D. 其他_____

二、学生参与社会实践的现状

4. 初中阶段，你参与过哪些类别的社会实践活动？（可多选）_____

A. 社会考察类，如在爱国主义教育基地、革命历史类纪念馆等地进行考察，大型公共设施等的调查、探究和研学实践等

B. 志愿服务（公益劳动类），如校园内公共设施的保洁、美化绿化、普及文明风尚、为孤残老幼服务、送温暖送爱心等

C. 职业体验类，如到职业院校场所参观、学习、体验等

D. 综合探究类,如课题研究、安全实训、研学活动等

5. 你认为,初中阶段社会实践的内容与形式怎么样? _____

A. 非常丰富、多样　　　　　　B. 比较丰富、多样

C. 一般　　　　　　　　　　　D. 比较匮乏、单一

E. 非常匮乏、单一

6. 你认为,初中阶段社会实践的指导教师配备是否充足? _____

A. 非常充足　　B. 比较充足　　C. 一般　　　　D. 比较匮乏

E. 非常匮乏

7. 你觉得参加社会实践最主要的收获有哪些?(按重要程度最多选择 5 个)_____

A. 完成规定学时　　　　　　B. 获得奖状、证书、参赛证明等

C. 培养兴趣　　　　　　　　D. 发展个性

E. 提升综合素养　　　　　　F. 拓宽知识面

G. 了解社会实际　　　　　　H. 提升交往能力

I. 增强创新意识　　　　　　J. 学会组织策划

K. 学习研究方法　　　　　　L. 其他_____

8. 你认为,当前初中阶段的社会实践活动存在的问题是什么?(可选)_____

A. 活动多以单一重复的服务性活动为主

B. 活动发布渠道单一,学生不能直接获得

C. 活动数量与种类过少,无法满足广大学生需求

D. 社会实践场地匮乏

E. 社会实践耗费较多时间与精力,负担较重,无法完成

F. 存在安全隐患

G. 其他_____

三、学生对社会实践的认识与感受

9. 你认为,社会实践的重要性如何? _____

A. 非常重要　　B. 比较重要　　C. 一般　　　　D. 不太重要

E. 不重要

10. 你是否喜欢参与社会实践？_____

A. 非常喜欢　　B. 比较喜欢　　C. 一般　　　　D. 不太喜欢

E. 不喜欢

11. 你认为，社会实践的效果如何？_____

A. 非常好　　　B. 比较好　　　C. 一般　　　　D. 不太好

E. 没有效果

四、学生对社会实践的期望

12. 你希望开展社会实践活动的频率是多少？_____

A. 每学期1次　B. 每学期2次　C. 每学期3次　D. 其他_____

13. 你希望社会实践安排在什么时候？（可多选）_____

A. 寒假　　　　B. 暑假　　　　C. 周末　　　　D. 其他_____

14. 你希望如何评价你的社会实践成效？（可多选）_____

A. 完成学时数　　　　　　　B. 基地教师评价

C. 学校教师评价　　　　　　D. 学生互评

E. 课题研究报告评定　　　　F. 获奖情况

G. 其他_____

15. 你希望学校可以增加哪些社会实践活动？（按重要程度最多选择5个）_____

A. 考察参观类　　　　　　　B. 实践体验类

C. 课题探究类　　　　　　　D. 竞赛类

E. 动手制作类　　　　　　　F. 志愿者服务

G. 社会模拟类　　　　　　　H. 职业体验类

I. 创新类　　　　　　　　　J. 文化传承类

K. 其他_____

16. 进入高中后，你希望能参与哪些形式的社会实践活动？（按重要程度最多选择5个）_____

A. 考察参观类　　　　　　　B. 实践体验类

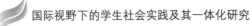

C. 课题探究类   D. 竞赛类

E. 动手制作类   F. 志愿者服务

G. 社会模拟类   H. 岗位实习

I. 支教   J. 其他＿＿＿＿＿＿＿

17. 你是否愿意参加与高中生、大学生共同参与的社会实践活动？

＿＿＿＿＿＿＿

A. 非常愿意参加   B. 比较愿意参加

C. 无所谓   D. 不太想参加

E. 完全不想参加

18. 你想参加与哪些高中生、大学生共同参与的社会实践活动？（可多选）＿＿＿＿＿＿＿

A. 主题教育活动   B. 做大型赛事志愿者

C. 参观大学或大学博物馆   D. 开展课题研究

E. 其他＿＿＿＿＿＿＿

19. 你认为将初中、高中、大学社会实践活动紧密联系起来，形成一个资源共享、总体设计的体系，有什么益处？（可多选）＿＿＿＿＿＿＿

A. 增进初中与高中、大学的联系

B. 资源的最大化利用

C. 拓宽学生眼界

D. 提升学生实践能力

E. 推进初中、高中、大学社会实践活动的系统性与连贯性

F. 其他＿＿＿＿＿＿＿

20. 请列举一项你最想参加的社会实践活动：＿＿＿＿＿＿＿

附录三： 上海市复旦中学社会实践及 文博研学获奖明细

一、社会实践获奖明细

（一）"进馆有益"微论文获奖明细

1.《新时代背景下民族食品品牌的生存发展之路》荣获 2018 年"进馆有益"征文二等奖，作者：李晓倩、邓文俐、汤美洁、周姝吟，指导教师：杜晓雅。

2.《钱学森图书馆观众行为分析及需求调研》荣获 2019 年"进馆有益"征文二等奖，作者：孙雯婧、姚若藤、范依佳、周子怡，指导教师：夏晓娟。

3.《石库门对上海市民文化的影响》荣获 2019 年"进馆有益"征文三等奖，作者：陈昊骏、李好、邱元珺、严明江，指导教师：褚伊玲。

4.《景德镇四大名瓷及其特点》荣获 2019 年"进馆有益"征文三等奖，作者：朱亦阳、顾笑天、邬彬慧、陈龙、李和李，指导教师：黄燕。

5.《从陈云的生活看共产党人的理念》荣获 2019 年"进馆有益"征文三等奖，作者：黄子清、唐成晔、成明俊、李鹏辉、郁佳怡，指导教师：翁巍蓝。

6.《分析 20 世纪末至今版权意识严格史——以文学类版权为例》荣获 2020 年"进馆有益"征文三等奖，作者：罗文英、沈琳、许暄暄，指导教师：高欣。

7.《沪语文化密码——沪语文化的历史与现状研究》荣获 2020 年"进馆有益"征文三等奖，作者：龚湘、傅嘉阳，指导教师：翁巍蓝。

8.《探寻红色故居建筑本身的艺术与历史价值》荣获 2021 年"进馆有益"征文二等奖，作者：孙欣彤、叶昕怡、王奕馨，指导教师：黄燕。

9.《"希望人民满意"——论党员钱学森的初心与信仰》荣获 2021 年"进馆有益"征文二等奖，作者：汤峥鋆、孙嘉琪、徐畅，指导教师：邬晓敏、章飞飞。

10.《庆祝中国共产党百年华诞——纺织工人运动对中国共产党的成立与发展的贡献与意义》荣获 2021 年"进馆有益"征文三等奖，作者：冯子轩、张雨婕、金思贝,指导教师:陆军。

11.《浅论航天精神对高中生的影响及其普及策略的研究》荣获 2022 年 "进馆有益"征文二等奖,作者:战佳怡,指导教师:余芬。

12.《隐秘而伟大——地下警委在上海公安发展中起到的作用》荣获 2022 年"进馆有益"征文三等奖,作者:曹欣怡,指导教师:朱朝锋。

13.《网络直播带货对现代生活的影响及其优化策略》荣获 2022 年"进 馆有益"征文三等奖,作者:顾丞辰,指导教师:褚伊玲。

14.《当代高中生参观红色展馆的现状与优化措施》荣获 2022 年"进馆 有益"征文三等奖,作者:黄宜婷,指导教师:褚伊玲。

15.《外滩的记忆与未来——从建筑发展史看外滩的发展与未来畅想》 荣获 2022 年"进馆有益"征文三等奖,作者:徐奕蕊,指导教师:褚伊玲。

16.《如何看待当代艺术与大众文化的关系》荣获 2022 年"进馆有益"征 文三等奖,作者:朱佳怡,指导教师:褚伊玲。

17.《国潮文创出圈对高中生行为和价值观的影响调查研究》荣获 2023 年"进馆有益"征文二等奖,作者:时嘉延,指导教师:褚伊玲。

18.《虹桥商务区职住平衡问题的现状剖析及优化策略》荣获 2023 年 "进馆有益"征文三等奖,作者:陆鸿羽,指导教师:褚伊玲。

(二)"未来杯"上海市高中阶段学生社会实践项目大赛获奖明细

1.《高中生志愿者服务项目建设研究》荣获 2017 年"未来杯"上海市高 中阶段学生社会实践项目大赛三等奖,作者:孙泉、顾嘉陈、金泽正、竺天诚、 徐文涛,指导教师:杜晓雅、王剑婕。

2.《实践·体验·感悟——临空职业体验实践项目》荣获 2018 年"未来 杯"上海市高中阶段学生社会实践项目大赛三等奖,作者:汪欣颖、包融、沈 文菁、王一诺、朱忻韵,指导教师:褚伊玲。

3.《融媒体背景下,移动媒介的现状与改进策略研究》荣获 2019 年"未 来杯"上海市高中阶段学生社会实践项目大赛三等奖,作者:阮倩楠、吴雨 欣、沈瑜菲、柯黎辉、朱晟昊,指导教师:褚伊玲。

4.《浅谈沪语的发展——以香港粤语为鉴》荣获 2019 年"未来杯"上海

市高中阶段学生社会实践项目大赛三等奖,作者:陈昊骏、陈梓暄、周思依、杜卓远、程飒,指导教师:黄燕。

5.《沪语文化密码——沪语文化的历史与现状研究》荣获 2020 年"未来杯"上海市高中阶段学生社会实践项目大赛三等奖,作者:龚湘、傅嘉阳,指导教师:翁巍蓝。

6.《负离子纺织品开发现状调查研究及其存在问题分析》荣获 2020 年"未来杯"上海市高中阶段学生社会实践项目大赛三等奖,作者:王嘉浩、瞿文箐,指导教师:樊校。

7.《当代高中生参观红色场馆的现状与优化措施》荣获 2022 年"未来杯"上海市高中阶段学生社会实践项目大赛二等奖,作者:朱佳怡,指导教师:褚伊玲。

8.《大众文化对当代高中生的影响与优化策略——以网络短视频为例》荣获 2022 年"未来杯"上海市高中阶段学生社会实践项目大赛三等奖,作者:朱佳怡,指导教师:褚伊玲。

9.《探究新媒体开展毒品预防教育的途径》荣获 2022 年"未来杯"上海市高中阶段学生社会实践项目大赛三等奖,作者:侯奕雯,指导教师:钱黾馨。

(三)长宁区"未来杯"社会实践项目大赛获奖明细

1.《探究新媒体开展毒品预防教育的途径》荣获 2022 年长宁区"未来杯"社会实践项目大赛一等奖,作者:候奕雯,指导教师:钱黾馨。

2.《当代高中生参观红色场馆的现状与优化措施》荣获 2022 年长宁区"未来杯"社会实践项目大赛一等奖,作者:黄宜婷,指导教师:褚伊玲。

3.《大众文化对当代高中生的影响与优化策略——以网络短视频为例》荣获 2022 年长宁区"未来杯"社会实践项目大赛一等奖,作者:朱佳怡,指导教师:褚伊玲。

4.《疫情下高中生心理疏导现状的调查研究——以上海市 F 中学为例》荣获 2022 年长宁区"未来杯"社会实践项目大赛二等奖,作者:曹祎晴,指导教师:杜晓雅。

5.《浅析在线新经济发展的"机"与"变"》荣获 2022 年长宁区"未来杯"社会实践项目大赛二等奖,作者:葛志轩,指导教师:钱黾馨。

6.《网络直播带货对现代生活的影响及其优化策略》荣获 2022 年长宁区"未来杯"社会实践项目大赛二等奖,作者:顾丞辰,指导教师:褚伊玲。

7.《"五个新城"建设规划在青少年中的普及程度对青少年影响的探究》荣获 2022 年长宁区"未来杯"社会实践项目大赛二等奖,作者:战佳怡,指导教师:徐甬前。

8.《"学霸"是如何炼成的——钱学森成才之路的当代启示》荣获 2022 年长宁区"未来杯"社会实践项目大赛三等奖,作者:李云心。

9.《"双减"一年来课外学习时长及课程类型需求转变——基于上海市复旦中学的调研与建议》荣获 2022 年长宁区"未来杯"社会实践项目大赛二等奖,作者:王虹旻,指导教师:仲莉。

10.《外滩的记忆与未来——从建筑发展史看外滩的发展与未来畅想》荣获 2022 年长宁区"未来杯"社会实践项目大赛三等奖,作者:徐奕蕊,指导教师:褚伊玲。

11.《探究长宁区野生斑鸠在居民楼筑巢对于居民影响的调查研究》荣获 2022 年长宁区"未来杯"社会实践项目大赛三等奖,作者:朱施怡,指导教师:钱黾馨。

12.《身边的城市建设》荣获 2022 年长宁区"未来杯"社会实践项目大赛三等奖,作者:庄子馨,指导教师:褚伊玲。

(四)长宁区中学生社会实践项目大赛获奖明细(自 2023 年起)

1.《虹桥商务区职住平衡问题的现状分析及优化策略》荣获 2023 年长宁区中学生社会实践项目大赛一等奖,作者:陆鸿羽、沈煦如,指导教师:褚伊玲。

2.《国潮文创的出圈对高中生的行为和价值观影响的调查研究》荣获 2023 年长宁区中学生社会实践项目大赛一等奖,作者:时嘉延,指导教师:褚伊玲。

3.《上海虹桥机场建造历史和服务管理的未来展望》荣获 2023 年长宁

区中学生社会实践项目大赛三等奖,作者:杨天宝、张佳乐、郑怡晨,指导教师:钱毛馨。

4.《苏州河工业文明建设的历史进程与时代意义》荣获 2023 年长宁区中学生社会实践项目大赛三等奖,作者:吴逸童、魏彬霆、金璐,指导教师:钱毛馨。

(五)社会实践获奖明细(自 2015 年起)

1. 上海市复旦中学荣获上海电影博物馆 2015—2019 年"最佳志愿服务团队"。

2.《复旦"初心"讲解志愿服务项目》入选中学生志愿服务示范项目培育计划"2022 年中学生志愿服务示范项目"。

3. 徐怡婕同学荣获华阳街道火柴公益课题优秀实习生。

4. 瞿唐昊同学收到了来自冯家村村民委员会的表扬信和荣誉证书,表扬他在疫情期间于冯家村参与抗疫志愿服务工作以及捐赠约 2000 元物资。

5. 顾艾青同学荣获上海市小学生爱心暑托班(长宁区)优秀高中生志愿者。

6. 纪鹏宇荣获 2023 年长宁区小学生爱心暑托班优秀志愿者。

7. 涂珺琦荣获 2023 年长宁区小学生爱心暑托班优秀志愿者。

二、文博研学(张明为励志奖助学金)获奖明细

1. 2023 年:共 21 人(不设置奖项等级)。

2. 2022 年:共 21 人(不设置奖项等级)。

3. 2021 年:共 24 人(不设置奖项等级)。

4. 2020 年:共 28 人(不设置奖项等级)。

5. 2019 年:一等奖 8 人,二等奖 18 人,三等奖 24 人。

6. 2018 年:一等奖 12 人,二等奖 19 人,三等奖 30 人。

7. 2017 年:一等奖 9 人,二等奖 10 人,三等奖 20 人。

8. 2016 年:一等奖 7 人,二等奖 18 人,三等奖 8 人。

9. 2015 年:一等奖 8 人,二等奖 17 人,三等奖 21 人。

10. 2014 年:一等奖 5 人,二等奖 8 人,三等奖 12 人。

附录四：上海市复旦中学社会实践课程与劳动教育课程类比表

		社会实践		劳动教育		内涵契合点
		主要内容	培养目标	主要内容	培养目标	
校内	日常生活劳动课程	内务规范化培训、校园值勤指导、劳技课程	增强生活自理能力，固化良好劳动习惯，培养独立自主意识	日常生活生产劳动，生产劳动，以及服务性劳动中的知识、技能与价值观	日常生活劳动教育立足个人生活事务处理，注重生活能力和良好卫生习惯培养，树立自主自强意识	依托校园生活，立足个人生活事务处理，将相关劳动内容日常生活劳动指导项目整合，培养学生生活能力与自立自强意识
	国防教育系列课程	新生军训课程、东方绿舟军政训练、学农专项课程	增强国防观念和国家安全意识，强化爱国主义、集体主义观念，加强组织纪律性，促进综合素质的提高		生产劳动教育要让学生在工农业生产过程中直接经历物质财富的创造过程，体验从简单劳动、原始劳动向复杂劳动的过程性劳动发展的过程，学会使用工具，掌握相关技术	生产劳动教育与国防教育系列课程中的学农专项课程培养目标一致，并在此基础上延伸至校内其他国防教育系列课程，整体上不仅能让学生体会劳动精神，更能激发国家安全意识与爱国主义情感
	复旦特色文化课程	新生入学课程、校史课程、党团课程、社团课程、心理课程、生涯规划课程、民族融合课程	激发学习潜能，增强参与意识，培养团队精神，加深爱校爱党、爱国情感		增强生涯规划的意识和能力，感受劳动创造价值的意义，体会平凡劳动中的伟大	学校特色文化课程与创造性劳动教育内涵趋同，基于复旦特色文化系列课程，进一步挖掘其中能够引导学生感受创造性劳动魅力的元素，以"特色"赋能劳动教育成效

	社会实践		劳动教育		内涵契合点
	主要内容	培养目标	主要内容	培养目标	
校外 志愿服务（公益劳动）类	"三馆"（马相伯纪念馆、校史馆、图书馆）讲解志愿者、上海纪念馆志愿者、上海电影博物馆志愿者、钱学森图书馆志愿者、街道图书馆志愿者、上海马拉松志愿者	在基础性工作中熟练掌握必要的劳动知识和技能、磨炼意志品质，体会劳动在平凡的岗位上的深刻意义；鼓励创造性劳动，具备主动服务他人、服务社会的情怀	服务性劳动	服务性劳动教育让学生利用所学知识、技能等为他人和社会提供服务，在服务性岗位上见习，树立服务意识；在公益劳动、志愿服务中强化社会责任感	志愿服务（公益劳动）类社会实践活动培养目标与服务性劳动教育目标一致，在原有的一系列志愿服务实践活动基础上整合并不断开发更多志愿者岗位，在志愿服务劳动中强化育人效果
职业体验类	临空园区（上影虹桥临空国际影城、虹桥国际会议中心）、长宁区天山中医院、新泾镇卫生服务中心	在实际工作岗位上体验各类职业角色，获得对职业生活的真切理解；在不同岗位的服务中发现自己的专长，培养职业兴趣，确立人生志向；在体验过程中提升生涯规划和职业选择的能力，树立自立的意识	日常生活劳动、生产劳动，以及服务性劳动中的知识、技能与价值观	经历真实岗位的工作过程，获得真切的职业体验，培养职业兴趣	职业体验类的社会实践活动的形式，内容与劳动教育需要培养学生职业兴趣的目标不谋而合，可在本区域进一步洽谈适合高中生的职业体验岗位，深化职业体验类实践活动的劳动教育功能
考察探究类	文博研学、新泾镇非遗项目、新泾镇创新屋项目、爱心暑托班、青博会	引导学生传承传统文化、勇于实践创新、弘扬劳动精神、体会勤劳动的成就感		从工业、农业、现代服务业以及中华优秀传统文化特色项目中，自主选择1~2项生产劳动，经历完整的实践过程，提高创意物化能力，养成吃苦耐劳、精益求精的品质	考察探究类社会实践综合性较强，且包含创造性劳动内容，此类劳动教育育模式引导学生全面发展

说明：本表将学校已开展的社会实践的主要内容及其培养目标进行概括，横向类比劳动教育课程与社会实践活动，找到两者的内涵契合点，助力复旦特色劳动教育课程的开发

后 记

　　本书自撰稿之日起,在实践中沉淀,在理论中成长,既有理论层面的探索与交流,又有实践层面的创新和突破,凝聚了师生共同的智慧和努力,得到了市、区领导和专家的指导、帮助和支持。在此,感谢上海开放大学侯劭勋、经雨珠老师,感谢上海师范大学徐瑾劼老师和她的学生杨雨欣,感谢杜晓雅、褚伊玲、钱黾馨、邬晓敏老师以及所有为本书付出心血的伙伴们。由于视野水平有限,书中难免存在不足,恳请广大同仁和读者不吝赐教,以便今后不断完善。

　　谨以此献给我们共同的青春!

上海市复旦中学师生赴陈望道旧居开展文博研学活动

复旦实践育人创新团队成员赴上海硅巷开展社会实践研讨活动